AF495681

Devoulx.

LE REGISTRE

DES

PRISES MARITIMES

TRADUCTION

D'UN

DOCUMENT AUTHENTIQUE ET INÉDIT

CONCERNANT LE PARTAGE DES CAPTURES

AMENÉES PAR LES CORSAIRES ALGÉRIENS

PAR

Albert DEVOULX.

ALGER

TYPOGRAPHIE A. JOURDAN.

1872

à Monsieur Delisle
membre de l'Institut et président de la Section
d'histoire du Comité des travaux historiques
Hommage empressé
A. Devoulx

LE REGISTRE
DES
PRISES MARITIMES

TRADUCTION
D'UN
DOCUMENT AUTHENTIQUE ET INÉDIT
CONCERNANT LE PARTAGE DES CAPTURES
AMENÉES PAR LES CORSAIRES ALGÉRIENS

BIBLIOTHÈQUE NATIONALE
DON
DELISLE BURNOUF
N°
IMPRIMÉS

PAR
Albert DEVOULX.

ALGER
TYPOGRAPHIE A. JOURDAN.
1872

8° Z 9983 (3)

LE REGISTRE

DES

PRISES MARITIMES

INTRODUCTION.

On doit, à mon avis, considérer comme une véritable bonne fortune pour l'histoire de l'ancienne régence d'Alger, la découverte que j'ai faite du document que j'intitule *le registre des prises maritimes.* Quoi de plus intéressant, malgré son aridité apparente, quoi de plus curieux, de plus propre à fournir des notions certaines sur les annales de la marine algérienne, que ce précieux livre de comptabilité tenu par les corsaires eux-mêmes? Les forbans nous ont ainsi légué des détails irrécusables tant sur leurs exploits que sur le système adopté et les règles suivies pour le partage de leurs rapines. Ces matériaux, qui embrassent la période de 65 ans comprise entre 1765 et la fin de la domination ottomane en Algérie, offrent, il est vrai, quelques omissions qu'on peut expliquer par la négligence des agents et surtout par cette circonstance qu'il m'a été permis de constater, que parfois le résumé des opérations se rédigeait exclusivement sur des feuilles volantes, feuilles dont la plupart ont dû s'égarer. Mais malgré ces lacunes, le registre des prises présente un ensemble de faits authentiques et de renseignements précis qu'on chercherait vainement ailleurs. Ce document intéresse donc au plus haut degré l'histoire de la régence d'Alger, sous le rapport particulièrement important de ses relations avec les nations chrétiennes. Il mérite certainement d'être sauvé de l'oubli et livré aux recherches des travailleurs.

Les déprédations maritimes que les algériens ont effectuées pendant plusieurs siècles au détriment des petites marines chrétiennes, — et quelquefois des grandes, — ne sauraient être considérées comme de la piraterie, c'est-à-dire comme un fait accidentel commis par quelques particuliers en dehors de toute responsabilité nationale, un vol exécuté sur mer par des malfaiteurs, reniés par leurs compatriotes et aussi désireux d'échapper aux lois de leur propre pays qu'à la vengeance des gens qu'ils dépouillent. Elles étaient toujours le résultat d'une résolution prise officiellement par le gouvernement de la régence, qu'inspiraient les prescriptions islamiques et des sentiments traditionnels de haine et de mépris contre les chrétiens. Ces hostilités constituaient donc une guerre régulière et fort légitime au point de vue des agresseurs. Mais il y a plus : en outre de toute incitation religieuse, les algériens étaient stimulés dans leur ardeur belliqueuse par un motif des plus sérieux. La course était une source de revenus très-lucrative, tant pour les particuliers que pour le beylik. Lorsque par suite d'un état de paix un peu trop prolongé, le trésor public ne présentait plus que des ressources insuffisantes, le dey se hâtait de rompre brusquement avec une nation chrétienne afin de rétablir, aux dépens des infidèles, ses finances épuisées et de se rendre populaire en procurant à ses turbulents et rapaces sujets les moyens de satisfaire leurs instincts de rapine. On peut dire que pour les Algériens la guerre était surtout une question de budget. La course, érigée en institution politique et sociale, avait reçu une organisation plus ou moins régulière mais pas plus irrégulière que celle des autres services et formait l'un des rouages de la machine administrative de la régence. On ne doit donc pas s'étonner de retrouver des traces officielles des brigandages maritimes qui ont désolé la Méditerranée pendant si longtemps et amené, finalement, la chute d'Alger lorsque la France prenant en main la cause la chrétienté, tira une vengeance éclatante de tant d'outrages et de tant d'avanies.

Le service administratif des courses était placé sous les ordres d'un agent ayant le titre de *khodjet el-r'enaïm* (secrétaire des prises) et aussi celui de *khodjet el-bandjek* (secrétaire du cinquième formant la part de l'Etat). Ce fonctionnaire, choisi parmi les *khodja* ou lettrés turcs, dirigeait toutes les opérations préalables au partage, faisait débarquer et vendre les marchandises, acquittait les frais, remettait aux ayants-droit les allocations que leur accordaient les règlements ou l'usage, prélevait les droits de l'Etat, dont il était tenu de faire personnellement le versement au Trésor, et procédait, enfin, à la répartition du produit net. Il tenait les écritures relatives à ces opérations, faites avec le concours de peseurs, de changeurs, de mesureurs et de crieurs publics ; et avait sous ses ordres un chaouch musulman, un chaouch juif et des hommes de peine.

Examinons maintenant le document dont je m'occupe, et qui n'est autre chose que le registre sur lequel le Khodjet el-Bandjek ou chef du service administratif des courses, consignait le résultat des liquidations de prises qu'il était appelé à diriger. Les articles de ce registre sont tous établis dans la même forme. On rédigeait d'abord une indication plus ou moins sommaire faisant connaître, en général, le navire captureur, la nature et la nationalité du navire capturé, et la composition du chargement. Faisons remarquer, en passant, que les captureurs n'avaient droit qu'à la cargaison et qu'aux prisonniers, et que le navire capturé était dévolu gratuitement au Beylik, qui le détruisait, le vendait ou l'armait en course. Après ce petit historique, le comptable inscrivait les unes sous les autres toutes les dépenses relatives à la liquidation, en faisant des additions partielles, qui comprenaient ordinairement cinq articles. Si ce système avait pour but d'éviter les erreurs, comme cela paraît probable, il n'était pas complètement efficace, car on en rencontre plusieurs. Mais peut-être ces fautes de calcul ont-elles été commises à dessein, car elles ont presque toujours pour résultat de diminuer le chiffre réel de l'actif de la liquidation. Après avoir clos la liste des dépenses et fait sa dernière addition, qui indiquait la somme totale des frais, le Khodja donnait en bloc le chiffre du produit brut, en défalquait les dépenses, trouvait le produit net au moyen de cette soustraction, et le divisait en deux portions égales. Voici le motif de cette division, dont nous ne trouverions pas la cause sur le registre. L'une des moitiés du produit net était remise au propriétaire du navire captureur, que ce fut le Beylik ou un particulier; elle constituait la part de l'armateur, le lot de celui qui fournissait à l'équipage un navire gréé, armé, approvisionné, muni de tout ce qui était nécessaire pour entreprendre une croisière. Dans les derniers moments de la Régence d'Alger, le Beylik possédait la plus grande partie des bâtiments de course, et s'assurait ainsi presque tous les profits de cette exploitation en commun des infidèles. Cette moitié du bénéfice de la prise n'est l'objet d'aucune mention sur le registre; elle était nécessairement remise à l'armateur, mais on ne jugeait pas à propos d'annoter le versement fait entre les mains de qui de droit. Quant à l'autre moitié, elle était partagée entre les membres de tous grades de l'équipage du navire captureur, selon un mode et dans une proportion déterminés soit par des règlements, soit par l'usage; elle formait la rétribution des corsaires, lesquels naviguaient à la part et sans allocations fixes, et était la rémunération de la main-d'œuvre qui avait fait fructifier le capital fourni par le propriétaire du navire. En ce qui concerne cette moitié, le comptable se contentait d'inscrire d'un côté le nombre total des *parts* participant à la répartition, et d'un autre côté, la quotité afférente à chaque part. On voit que cette comptabilité était très-sommaire et ne donnait que le résultat final des opérations, excepté pour les dépenses. De plus, les calculs n'offraient pas toujours une rigoureuse exactitude, et il semble que parfois les erreurs étaient préméditées et destinées à assurer un gain illicite à l'agent chargé du partage.

Voici l'énumération des dépenses qui figurent ordinairement dans les liquidations de prises.

§ 1er. — *Droits de l'Etat.*

Bandjek. — Le mot *bandjek* (un cinquième), était le nom de la part que prélevait l'Etat sur le produit brut de tout butin.

En principe, cette part doit être d'un cinquième, ainsi qu'il est prescrit par le verset 42 du chapitre VIII du Coran, dont voici le texte :

« Sachez que lorsque vous avez fait un butin, la cinquième part en revient à Dieu, au Prophète, aux parents, aux orphelins, aux pauvres et aux voyageurs, si vous croyez en Dieu, à ce que nous révélâmes à notre serviteur dans la journée de la Distinction, dans la journée où les armées se rencontrèrent. Dieu est tout puissant. »

Dans la pratique, la quotité du prélèvement fait au profit de l'Etat a subi bien des variations. Toutefois, elle était le plus souvent, et surtout dans les derniers temps, fixée à la huitième partie du produit brut.

Caïd eddoukhan — Le droit connu sous le nom de *caïd eddoukhan* (قايد الدخان, le directeur du tabac) variait quelquefois, mais son taux le plus ordinaire ne dépassait pas un pour cent. Il était versé au Trésor et augmentait donc la part prélevée par l'Etat sur le produit des prises.

Port ou *droits du port*. — Cette allocation fixée ordinairement à un pour cent, était versée au Trésor.

§ 2. — *Droits perçus par divers agents.*

Oukil el-Hardj (وكيل الحرج) et *sous* (تحت) *oukil el-hardj*. — Le titre d'Oukil el-Hardj était donné à divers agents chargés d'effectuer des dépenses. Il s'applique ici, soit à *l'Oukil el-Hardj mta Bab-Dzira*, ou ministre de la marine, soit à son adjoint.

Ourdian (ورديان, mot de la langue franque ; gardien) agent chargé de la police, de la surveillance des quais du port, etc.

Caïd el-mersa (قايد المرسى). — Le caïd el-mersa, ou directeur du port, allait au-devant de tout navire qui arrivait à Alger. Des étrennes sur le produit de la prise étaient allouées soit à cet agent, soit aux matelots qui conduisaient son embarcation.

Frégates (فرقاطة pl. فراقط). — Il s'agit ici des anciennes frégates, petits navires à rames et non pontés. Deux de ces bâtiments légers étaient placés en surveillance à l'entrée du port, pendant la nuit; les hommes qui les montaient touchaient des étrennes lors de la répartition des prises.

Chaouch musulman du Bandjek, et chaouch juif; ces deux agents subalternes procédaient à la liquidation, sous la surveillance du Khodjet el-bandjek. Le chaouch juif, dont la part était de moitié moindre que celle de son collègue musulman, avait pour mission de faciliter les relations avec les changeurs et les brocanteurs, lesquels appartenaient tous à la race israélite.

Marabouts. — Les marabouts ou personnages morts en odeur de sainteté et dont les restes reposent dans des chapelles, recevaient ordinairement une allocation sur le produit de la vente des prisonniers. Ces offrandes, qui étaient faites parfois en nature, profitaient naturellement aux oukils ou administrateurs des chapelles. Lorsqu'un corsaire prenait la mer, il allait souvent chercher dans les chapelles des saints les plus célèbres des pavillons de diverses couleurs, qu'il arborait à l'un des mâts de son navire, pendant le combat.

§ 3. — *Allocations faites à l'équipage du corsaire.*

Prime (d'abordage). Le mot turc اوكدل s'applique proprement au prix accordé à l'individu qui devance les autres à la marche où à la course, soit à pied soit à cheval. Il indique ici la prime donnée à celui qui, lors de l'abordage, sautait le premier sur le navire ennemi. Cette gratification ne figure qu'exceptionnellement; elle n'était évidemment accordée que lorsque le navire poursuivi se défendait et par sa résistance rendait l'amarinage difficile.

Vigie. Gratification allouée à l'homme placé en vigie dans la mâture, qui avait aperçu et signalé le navire ensuite capturé.

Détachement. Chaque navire de course qui prenait la mer, recevait un détachement de janissaires auxquels on allouait un certain nombre de parts lors de la répartition des prises. Des étrennes spéciales étaient en outre attribuées à quatre des principaux personnages de ce détachement, savoir : l'aga ou commandant; le chaouch ou sous-officier chargé de la police ; le khodja ou lettré, cumulant les fonctions de secrétaire et d'aumônier ;

le serviteur ou soldat chargé des corvées, des soins matériels. Ces étrennes spéciales furent supprimées en 1795, lors de la création du *Diwan* ou commission d'amarinage dont je parle ci-dessous.

Diwan. Le diwan (ديوان) ou commission d'amarinage composée de plusieurs membres de l'état-major de l'équipage et du détachement de janissaires du navire captureur, — était chargé de prendre possession du navire capturé, de dresser l'inventaire de ce qu'il renfermait, de faire clouer ensuite les panneaux des écoutilles et les autres issues, afin de prévenir les détournements, de prendre toutes les mesures propres à assurer la conservation de la capture, et, enfin, d'aviser aux moyens de faire parvenir cette dernière en lieu de sûreté. Cette commission ne figure dans les écritures qu'à partir de 1795 ; elle recevait des étrennes spéciales.

Capitaine de prise. Sur chaque navire de guerre qui partait en course, s'embarquaient plusieurs raïs qui ne faisaient aucun service à bord et avaient mission de prendre le commandement des prises. Lorsque l'un d'eux ramenait un navire capturé, il figurait dans la répartition pour une allocation proportionelle dont le taux était variable.

§ 4e — *Dépenses relatives à la vente de la prise.*

Déchargement. Il s'agit du salaire des hommes de peine employés à décharger le navire capturé,

Gardiens (عساسين). Lors de l'arrivée à Alger, l'équipage de prise débarquait et remettait la surveillance du navire capturé à des gardiens spéciaux.

Biskeri (بسكرى pl. بساكرى). Gens de l'oasis de Biskra, et, — par extension, — des Zibans ; ceux qui viennent se fixer dans les villes, y exercent la profession de portefaix, d'hommes de peine, ou de porteurs d'eau. Les articles du registre qui portent ce titre sont relatifs au salaire des biskris qu'on employait au transport des marchandises capturées ou qui ramaient dans les embarcations.

Local (دكان) ou *boutique* (حانوت). Somme représentant le loyer du local dans lequel les marchandises capturées étaient entreposées et vendues ensuite par la voie des enchères publiques, mode le plus propre, évidemment, à sauvegarder tous les intérêts et à prévenir toute récrimination.

Crieurs (دلالين). La corporation des *dellalin* avait pour mission d'opérer les ventes à la criée. Les marchandises capturées étaient vendues par la voie des enchères publiques ; c'est ce qui explique l'intervention des *dellalin* ou commissaires-priseurs.

Mesureur (كيال) ou mesurage ; *Peseur* (وزان) ou pesage. Il n'était procédé à la vente aux enchères publiques des marchandises capturées, qu'après leur mesurage ou leur pesage, suivant leur nature.

Changeurs (صرافين). Cet article comprend l'agio perçu pour le change des monnaies étrangères trouvées sur le navire capturé et qu'il était nécessaire d'échanger contre du numéraire algérien pour faciliter la liquidation.

Pompe. Cet article ne figurait, naturellement, que lorsque le navire capturé faisait eau.

Fret. Lorsque des marchandises provenant de pays ennemi étaient saisies sur un navire ami, le capitaine de ce dernier recevait comme compensation de son voyage forcé à Alger, une allocation qualifiée de fret ou nolisement.

En outre de ces dépenses, figurant dans la plupart des cas, sauf les deux dernières, il y en avait d'autres plus rares et qui s'expliquent d'elles-mêmes, telles qu'achat de pain, location de chalands, salaire d'esclaves chrétiens, frais divers, achat de nattes, etc.

Pour terminer cette notice, je dois faire remarquer que la monnaie employée exclusivement dans les comptes dont je m'occupe est le *rial draham serar*, appelé par nous *pataque chique*, dont la valeur fixée invariablement à fr. 1, 125 (22 sols 6 deniers) jusqu'en 1818, époque d'une refonte opérée sous Hossaïn-Pacha, a ensuite varié entre 0 f. 90 c. et 0 f. 60 c., taux qui était devenu son change le plus ordinaire dans les dernières années de la Régence. Les fractions de cette monnaie sont ici des *huitièmes* ayant eux-mêmes pour divisions des *dirhem*.

Avant d'entamer le *registre des prises maritimes*, il m'a paru utile de résumer des renseignements de même nature éparpillés dans d'autres documents et s'appliquant aux années 1674, 1675, 1676 et 1677.

1674. — 38 captures d'un produit total de 89,108 f. 37 c., faites par les corsaires dont les noms suivent : raïs Mohammed Cherchali; Redjeb raïs; Ben Mohammed-Esseffar; Mizou-Mourtou avec le navire d'Ali-Bitchnin. (Le renégat italien El Hadj-Hossaïn *Mizou-Mourtou* (mezzo-morto, demi-mort), joua un grand rôle à Alger, lors du bombardement effectué par Duquesne; il gouverna Alger comme Pacha d'abord et ensuite comme Pacha-Dey, de 1683 à 1689, époque où il fut obligé de prendre la fuite; quant à Ali-Bitchnin (Picinino) c'était un rénégat italien qui possédait plusieurs navires de course et qui fit bâtir la mosquée aujourd'hui consacrée au culte catholique sous le vocable de N. D. des Victoires); le raïs Kour (le borgne) Ali Boffoun (le bouffon); Ben Touzanzou-Bachka; Mustapha Tchelbi; Ben Redjeb raïs; Hassan raïs Bachka; Kara-Mustapha; Mami raïs Kourinta (probablement un renégat); Ali raïs Karch Bostandji; Mustapha raïs; Ali raïs, esclave affranchi du Dey; Ben Bakir Khodja; Mustapha, affranchi d'Ali raïs; Selbi; raïs Mami Semsoum (renégat marseillais, nommé Sanson; devint plus tard amiral de la flotte algérienne); Tobbal Khodja (le lettré boiteux); Ben Achit; Ben-el-Hadj-Kassem; Hassan raïs. — L'une de ces mentions de prise, rédigée le 12 novembre 1674, contient cette annotation : le Beylick s'est réservé 19 prisonniers français. »

1675. — 83 prises d'un produit total de 312,988 fr. 75 c., faites par les corsaires ci-après : Ben-Bakir-Khodja; Kour-Ali-Boffoun; Kara-Ali; Ben-Dournez; Hadj-Hossaïn-Mizou-Morto (voir en 1674); Mami-Semsoum (voir en 1674); Redjeb raïs; Ahmed raïs; Hassan raïs; Bostandji; Youssef raïs; Ben-Achit; Ben-Redjeb; Kourd-Zada; Tobbal-Khodja; Ibrahim-ben-El-Hadj-Kassem; raïs Mohammed; raïs Kour-Ali-Grikou (renégat grec); Sari-Ali; Mohammed-Esserir (le petit); Ali-Koptan (amiral de la flotte); Mustapha raïs; Mustapha-Agha raïs; Mustapha-Khodja-Tobbal; Omar raïs; Hassain-Mardjilia raïs; Koutchek-Omar; Chérif raïs; Koudja-Ramdan; Mami-Kornita; Ben-Bakir-Khodja; raïs Tabak; raïs Mohammed-Kouch; Ben-Dourounz; Kali-Ibrahim; raïs Abd-el-Kader-ben-Achit; Kara-Mustapha'; El-Hadj-Mortada. — Dans l'une de ces mentions de prise on lit ce qui suit: « La vente a eu lieu par les soins du consul anglais et par suite le Palais est fondé à lui en réclamer le montant. » Le consul anglais figure comme acquéreur de divers objets dans plusieurs ventes.

1676. — 58 prises d'un produit total de 97,387 fr. 97 c., faites par les corsaires ci-après : raïs Mohammed fils du dey; raïs Mustapha; Ben-el-Hadj-Kassem; Ben-Ali raïs; Kour-Ali-Boffoun raïs; raïs Hassan-Bechkayen (Biscayen); Ben-Redjeb; Mami Semsoun voir en 1674); Tobbal-Khodja; Kourd-Ourli; Ben-Bakir-Khodja; Koutchek-Omar; raïs Mustapha, affranchi de l'amiral; Ben-Achit; Serir; Ahmed raïs; raïs Hassan; Koudja-Ramdan]; Mustapha-Djenouïz (génois); raïs El-Hadj Hossaïn-Mizou-Mourtou (voir en 1674); Mami-Kornita; Redjeb raïs; Kara-Ali; Kourd-Ourli; Ben-Hadj-Drounz; raïs Mustapha-Grikou; raïs Mustapha; Koutchek-Omar-ben-Redjeb; raïs Kara-Ali; Mohammed-Khodja; Mohammed-ben-Redjeb; raïs Mohammed-ben Dournez. — Dans plusieurs des ventes, le consul Anglais figure comme acquéreur de divers objets.

1677. — 12 captures d'un produit total de 9,143 fr. 62 c., faites par les corsaires ci-après : raïs Abd-el-Kader; raïs Hassan-Martchilia; Tobbal-Khodja; Mustapha-Khodja-Tobbal; raïs Boffoun; Kourd-Ourli; raïs Mustapha-Grikou; Mustapha Djelbi; Semsoum (voir en 1674); raïs Hadj-Hossaïn-Mezzo-Morto (voir en 1674); raïs Hassan fils du dey; Mustapha raïs.

Abordons maintenant le *registre des prises*, à chaque article duquel j'ai cru devoir donner un n° d'ordre — ce qui n'existe pas sur l'original, — afin de faciliter les recherches, les citations et les indications. J'ai fait suivre chaque année grégorienne d'un résumé des prises effectuées par les corsaires.

N° 1. — Cette note destinée à l'énumération des parts (1) des navires de guerre, est inscrite ici pour qu'on ne les

(1) Ces parts, dites grandes parts, étaient prélevées en dehors des parts ordinaires, et allouées au capitaine et à quelques officiers. Plus tard ce système fut aboli.

oublie point 28 chaaban 1212 (soit le 26 février 1797) (1).

Le *Petache* (dénomination de l'une des corvettes) du beylik, 30 parts (2). La corvette de monseigneur (le pacha), 30 parts (article biffé). — Le cutter de monseigneur, 17 parts (article biffé). — Le chebec neuf du beylik, 22 parts. — Le *kirlankotch* (nom particulier de l'un des chebecs) du beylik, 16 parts. — Le vieux chebec du beylik, 22 parts. — La *chitia* (3) d'Oulid-Mir-Ali, 25 parts (article biffé), — Le chebec du constructeur de navires, 16 parts (biffé). — Le chebec de Ben-Ezerzou, 16 parts (biffé). — La frégate de Yakoub, 32 parts (biffé). — Le chebec d'El-Hadj-Sliman, 27 parts. — La petite goëlette, 16 parts. — Le navire noir d'Oulid-Na'man, 26 parts. — La polacre de Hamidou, 22 parts. — La polacre de Kara-Denguezli, 23 parts (biffé). — La polacre d'Ouled-Tchalabi, 22 parts (biffé). — La goëlette de Hadj-R'arnaout, 18 parts (biffé). — La goëlette de Draou, 17 parts (biffé). — La polacre de Ben-Zeurman, 22 parts (biffé). — Le grand chebec de Hadj-Sliman, 28 parts (biffé). — Le chebec d'Abbas, 18 parts (biffé). — La frégate du raïs Hamidou, 43 parts. — Le petit chebec du raïs Hamdan, frère du raïs Hamidou, 22 parts. — La frégate portugaise, 43 parts. — Le chebec dont le premier capitaine a été le raïs Hamidou, 16 parts. — La frégate neuve dont le premier capitaine a été le raïs Eddebbar' (le tanneur), 45 parts.— Le chebec du raïs Kassem, 17 parts (article biffé. D'après la tradition, ce navire aurait été capturé par les Portugais). — Le chebec du Teurdjeman, dont le capitaine est El-Hadj-Ahmed le forgeron, 15 parts (biffé). — Le chebec neuf dont le premier

(1) Cette note contient des renseignements évidemment postérieurs à 1797, qui ont été ajoutés à diverses époques sans indication de date; je dois aussi faire remarquer que ce document, rédigé sur les premières pages du registre, n'occupe pas la place que lui assignerait la date de son premier article.

(2) Cet article est biffé. Je pense que les indications portées sur la présente liste étaient effacées lorsque les navires qu'elles concernaient se trouvaient hors d'usage par suite de vétusté, ou étaient enlevés à la marine algérienne soit par un naufrage soit par une capture.

(3) Navires dont les plus gros avaient des voiles carrées aux deux premiers mâts et une voile latine au mât d'artimon, et les plus petits des voiles carrées au mât de misaine seulement. Dans des documents français et notamment dans des pièces provenant du consulat de France à Alger, ce bâtiment est appelé quelquefois *saëtte* et le plus souvent *barque*.

capitaine a été Emir-Ahmed raïs, 16 parts (biffé). – Le chebec dont le premier capitaine a été Salah raïs, 8 parts (biffé). — Le chebec dont le premier capitaine a été Ben-Younès, 8 parts (biffé). — La frégate tunisienne; son premier capitaine a été le raïs Mohammed-el-Harrar (le tisserand), capitaine en second du navire captureur, 40 parts. — Le brick neuf dont le premier capitaine a été le raïs Mustapha le Maltais, 24 parts. Le brick portugais, 24 parts. — La corvette dont le sultan de Constantinople a daigné faire cadeau, 25 parts. — La petite polacre, 22 parts. — La corvette *Merzouk* (Fortunée), dont le premier capitaine a été El-Hadj-Ahmed-el-Haddad (le forgeron), 40 parts. — La corvette neuve, dont le premier capitaine a été El-Hadj-Na'man, 40 parts. — La seconde corvette dont le premier capitaine a été le raïs Ibrahim-Sa'atchi (l'horloger), 37 parts. — La galiote d'El-Hadj-Hamdan, 20 parts. — La grande polacre dont le premier capitaine a été le raïs Dahman dit Oulid-Baba-Cherif, 40 parts.

No 2. — Capture faite par Ralioundj, montant le chebec du Pacha (1), 1er djoumada 2e 1179 (16 octobre 1765).

	Rial	Huit.
Bandjek.	372	
Déchargement	25	
Capitaine de la prise.	43	
Prime (d'abordage)	4	2
Chaouch, agha et serviteur du détachement. .	2	2
	446	4
Chaouch musulman du bandjek.	1	4
Chaouch juif du bandjek.	»	6
Pesage.	15	
Changeurs.	11	4
Gardiens.	4	4
A reporter.	479	6

(1) Pour la composition de la flotte algérienne, voir le travail que j'ai publié dans le n° 77 de *la Revue africaine* sous le titre de *la Marine de la Régence d'Alger*.

Report. . .	479	6
Embarcation et frégate	32	
Crieurs (de la vente aux enchères publiques). .	12	
Local.	3	4
Ourdian.	2	1
Oukil-el-Hardj.	2	
Port.	24	
	555	3

Total du produit. . . .	2.976	(1)	
A déduire.	555	3	
Reste	2.420	5	
Dont moitié. . . .	1.210	2	1/2

Nombre des parts : 311.

Montant de chaque part : 3 rials et 7 huitièmes.

N° 3. Répartition du produit total de la prise faite par Sari Hassan raïs. Djoumada 2e 1179 (octobre 1765).

Nota. Tous les comptes relatifs aux partages des prises, sont à peu près calqués sur le modèle qui précède, et ne diffèrent que par quelques articles de dépense en plus ou en moins. Pour ne pas allonger ce travail sans grande utilité, je ne donnerai *in extenso* que quelques comptes, à titre de spécimen, me bornant pour les autres à faire connaître le montant du produit brut. Je dois rappeler que la prime d'abordage, portée au n° 2, ne figure qu'exceptionnellement, tandis que le droit du *caïd eddoukhan*, omis dans ce compte, était presque toujours perçu.

Produit brut : 11,700 fr. (2).

Nota. Au sujet du produit des prises, il y a deux remarques essentielles à faire. D'abord, le navire capturé étant réservé au Beylik, n'entrait pas en ligne de compte dans la répartition. Ensuite, la plupart des marchandises étaient vendues à vil prix, la place offrant peu de débouchés et peu de ressources; certaines

(1) Soit 1,348 francs.

(2) Dans les réductions de produits, j'ai négligé les fractions de rial.

restaient même sans acquéreurs, par suite d'encombrement ou comme n'étant pas connues ou appréciées des Indigènes. Quelques spéculateurs européens y trouvaient seuls des occasions superbes dont la moralité peut paraître contestable. Les chiffres donnés par le *registre des prises* sont donc bien loin de représenter la valeur réelle des pertes éprouvées par les chrétiens.

N° 4. Comptes de la capture faite par le raïs Ali Khodja Eddrouech. 5 redjeb 1179 (18 décembre 1765).
Produit : 3,731 fr. 62 c.

N° 5. Comptes de la prise de corail apportée de Port-Mahon par la frégate (à rames) d'Osta Ibrahim raïs. 15 redjeb 1179 (28 décembre 1765).
Produit : 3,026 fr. 25 c.
Résumé de 1765. 4 prises sans indication de nationalité, ayant donné un produit total de 19,805 fr. 87 c.

N° 6. Comptes de la capture de tasses en porcelaine, d'oignons et de vin, faite par le petit chebec. Chaban 1179 (janvier 1766).
Produit : 334 fr. 12 c.

N° 7. Comptes de la capture de chrétiens faite par le chebec d'Ali Khodja. 22 chaban 1179 (3 février 1766).
Produit : 4,205 fr. 25 c.

N° 8. Comptes d'une capture de sardines faite par le chebec de Sari Hassan. 1er ramdan 1179 (11 février 1766).
Produit : 6,394 fr. 50 c.

N° 9. Comptes de la capture de lingots faite par Ralioundji, avec le chebec du Beylik. 8 ramdan 1179 (18 février 1766).
Produit : 2,868 fr. 75 c.

N° 10. Comptes d'une capture faite par Ralioundji avec le chebec du Beylik. 10 ramdan 1179 (20 février 1766).
Produit : 1,102 fr. 50 c.

N° 11. Comptes de la capture faite par le navire de Ben Zerzou, lequel a apporté des mécréants. 10 ramdan 1179 (20 février 1766).
Produit ; 9,853 fr. 87 c.

N° 12. Comptes de la capture de planches amenée de Gibraltar par R'arnaout Ibrahim raïs. 10 kada 1179 (20 avril 1766).

Produit : 3,430 fr. 12 c.

N° 13. Comptes de la capture de blé faite par le chebec de l'oukil el-Hardj, le seigneur Hassan, et du fils de notre seigneur (le pacha), que commande le raïs R'arnaout Ibrahim. Fin de kada 1179 (du 1er au 10 mai 1766).

Produit : 17,218 fr. 12 c.

N° 14. Comptes de la capture faite par la chitia (saëtte ou barque) du Khodjet el-melh (secrétaire au sel), et consistant en mécréants, blé et étoffes. 1er hidja 1179 (11 mai 1766).

Produit : 21,389 fr. 62 c.

N° 15. Comptes de la capture de la chitia du Khodjet el-melh (secrétaire au sel), consistant en vin, eau-de-vie et poterie. 1er moharrem 1180 (9 juin 1766).

Produit : 4,285 fr. 12 c.

N° 16. Comptes de la capture de sel faite par Sari Hossaïn, et dont le prix a été envoyé de Gibraltar. 20 moharrem 1180 (28 juin 1766).

Produit : 1,930 fr.

N° 17. Comptes de la capture faite par la frégate (à rames) du constructeur de navires (معلم السفون). 15 moharrem 1180 (23 juin 1766).

Produit : 1552 fr. 37 c.

N° 18. Comptes de la prise d'huile faite par trois frégates (à rames), dont deux de Tunis et une au Beylik. 25 moharrem 1180 (3 juillet 1766).

Produit : 4,308 fr. 75 c.

N° 19. Comptes de la prise amenée par Sari Hassaïn ben Caïd el-Bab. 4 safar 1180 (12 juillet 1766).

Produit : 580 fr. 50 c

N° 20. Comptes de la capture de quatre mécréants faite par la frégate (à rames) de Sari Hassaïn. 25 rebi 2e 1180 (30 septembre 1766).

Produit : 1,397 fr. 25 c. (soit 349 fr. 31 c. pour chaque chrétien).

N° 21. Comptes de la prise de sardines faite par la chitia (barque) de Mohammed Khodja, et le chebec d'Ali Khodja. Djoumada 1er 1180 (octobre 1766).

Produit : 13,390 fr. 87 c.

N° 22. Comptes de la prise faite par le chebec d'Ali Khodja, dont le capitaine est Ibrahim raïs. 17 djoumada 2e 1180 (20 novembre 1766).

Produit : 18,810 fr.

Résumé de l'année 1766 : 17 prises sans indication de nationalité, formant un produit total de 113,051 fr. 71 c.

N° 23. Comptes d'une capture de caroubes vendues à Port-Mahon. 3 chaban 1180 (4 janvier 1767).

Produit : 765 fr.

N° 24. Comptes de la prise de poissons séchés et de mécréants, faite par le chebec de Ralioundji, 1er de Ramdan le noble de l'année 1180 (31 janvier 1767).

Produit : 11,196 fr.

N° 25. Comptes de la prise faite par le navire appelé le *Coq-du Port* (سردوكث المرسى), appartenant à Mohammed secrétaire au sel (Khodjet-el-Melh) et commandé par Ahmed raïs. 8 choual 1180 (9 mars 1767).

Produit : 5,431 fr. 20 c.

N° 26. Comptes de la capture d'étoffe de Syrie et de mécréants faite par le chebec d'Ali Khodja que commande le raïs Ibrahim el'Oldj (esclave chrétien converti à l'islamisme). Hidja 1180 (mai 1767).

Produit : 32,411 fr. 25 c.

N° 27. Comptes de la capture de bois de charpente navale,

faite par le chebec d'Ali Khodja que commande Mourali Ahmed raïs. 9 hidja 1180 (8 mai 1767).

Produit : 2,179 fr. 12 c.

N° 28. Comptes de la capture d'un navire chargé de sparterie et des chrétiens qui s'y trouvaient, faite par le *Coq-du-Port*, navire de Mohammed Khodjet-el-Melh (secrétaire au sel), 8 moharrem 1181 (6 juin 1767).

Produit : 4,543 fr. 87 c.

N° 29. Comptes d'une capture de mécréants faite par la frégate (à rames) du constructeur de navires. Fin de moharrem 1181 (du 19 au 28 juin 1767).

Produit : 3,951 fr.

N° 30. Comptes de la prise faite par le chebec d'Ali Khodja, dont le capitaine est Mourali raïs, 1er safar 1181 (29 juin 1767).

Produit : 38,441 fr. 25 c.

N° 31. Comptes de la capture faite par le chebec d'Ali Khodja, que commande Mourali Ahmed raïs. 10 safar 1181 (8 juillet 1767).

Produit : 30,570 fr. 87 c.

N° 32. Comptes de la capture d'anchois faite par la frégate (à rames du Beylik que commande le raïs Mohammed Bou Sa'da. 15 safar 1181 (13 juillet 1767).

Produit : 2,777 f. 62 c.

N° 33. Comptes de la capture de quatre mécréants faite par Ralioundji Ahmed raïs, commandant le chebec de l'oukil el-Hardj (ministre de la marine). 18 rebi 1er 1181) 16 août 1767).

Produit : 1,941 fr. 75 c.

N° 34. Comptes de la capture d'aulx, faite par la frégate (à rames) de Biractar que commande le Biskeri. 20 rebi' 1er 1181 (16 août 1767 .

Produit : 1,293 fr. 75 c.

N° 35. Comptes de la prise de deux mécréants faite par le *Coq-du-Port*, que commande Sliman. 10 djoumada 1er 1181 (4 octobre 1767).

Produit : 972 fr. (soit 486 fr. pour chaque chrétien).

N° 36. Comptes de la prise de cacao et de sucre faite par le chebec d'Ali, le chebec du Pacha et la chitia de l'oukil el-Hardj. 10 djoumada 1er 1181 (4 octobre 1767).

Produit · 78,277 fr. 50.

N° 37. Comptes de la capture d'Ali Khodja, dont le montant a été envoyé d'*El-Araïch* par la voie de terre. 7 redjeb 1181 (29 novembre 1767).

Produit: 886 fr. 50 c.

N° 38. Comptes des prises portugaises (1) amenées par le raïs Chebini, par le raïs Ben Zirouan, par Iberimat Doubra et par R'arnaout. Que cela soit à votre connaissance! 12 redjeb 1181 (4 décembre 1767).

Produit : 141,063 fr. 75 c.

Résumé de l'année 1767. 18 prises dont 3 portugaises et 15 sans nationalité indiquée.

Produit total: 356,702 fr. 43 c.

N° 39. Comptes d'une somme envoyée de Gibraltar et formant le prix d'une capture qui a été vendue dans cette ville. 20 ramdan 1181 (9 février 1768).

Produit: 18,238 fr. 50 c.

N° 40. Comptes de la capture de deux mécréants faite par Ralioundji avec le petit chebec. 15 ramdan 1181 (4 février 1768).

Produit: 1,213 fr. 87 c. (Soit 606 fr, 93 c. pour chaque chrétien).

N° 41. Comptes de la prise d'un grand navire, vendu à Port-Mahon et capturé par le chebec d'Ali Khodja. 1er kada 1181 (20 mars 1768).

Produit: 12,616 fr. 87.

N° 42. Comptes de la prise d'un petit navire vendu à Port-

---

(1) Puisque l'original emploie le pluriel et non le duel, il est certain que ces prises étaient au moins au nombre de trois. C'est le chiffre que j'adopte dans l'établissement de mon résumé.

Mahon et capturé par le chebec d'Ali Khodja. 1er kada 1181 (20 mars 1758).

Produit : 3,979 fr. 12 c.

N° 43. Comptes d'une prise de vin et de 15 mécréants faite par le chebec d'Ali Khodja que commande Otsman raïs. 15 hidja 1181 (3 mai 1768).

Produit : 11,938 fr. 50 c.

N° 44. Comptes d'une prise de planches et de viande de porc, faite par le chebec d'Ali Khodja. 18 moharrem 1182 (4 juin 1768).

Produit : 2,194 fr. 87 c.

N° 45. Comptes des prises faites par les six chebecs du Beylik, et dont le montant a été envoyé de Tunis, où ces captures ont été vendues. Fin de moharrem 1182 (du 7 au 16 juin 1768).

Produit : 1,708 fr. 87 c.

N° 46. Compte de la capture de quatre mécréants, faite par la frégate (à rames) du constructeur de navires. 15 safar 1182 (1er juillet 1768).

Produit : 1,554 fr. 75 c. (388 fr. 68 c pour chaque chrétien).

N° 47. Comptes de la prise vendue à Port-Mahon et faite par la frégate (à rames) d'El-Hadj Ali Khodjet el-melh (secrétaire au sel). 21 safar 1182 (7 juillet 1768).

Produit : 5,492 fr. 25 c.

N° 48. Comptes d'une prise d'huile faite par la frégate (à rames) du constructeur de navires. 5 rebi 1er 1182 (20 juillet 1768).

Produit : 4,567 fr. 50 c.

N° 49. Comptes de la prise du chebec du Beylik, commandé par Ralioundji Mohammed raïs Doubra. 23 rebi 1er 1182 (6 août 1768).

Produit : 4,162 fr. 50 c.

N° 50. Comptes de la prise faite par le chebec du Beylik, que commande R'aliondji Mohammed raïs Doubra. 23 rebi 1er 1182 (7 août 1768).

Produit : 7,464 fr. 37 c.

N° 51. Comptes de la capture de trois mécréants, faite par

la frégate (à rames) d'El-Boudjakdji et de Mohammed Khodjet el-melh. 23 rebi 1er 1182 (7 août 1768).

Produit : 785 fr. 25 c. (261 fr 75 c. pour chaque chrétien).

N° 52. Comptes de la prise faite par le chebec du Beylik, et amenée par le raïs Ralioundji. Fin de rebi 1er 1182 (du 5 au 14 août 1768).

Produit : 2,283 fr. 75 c.

N° 53. Comptes de la capture de quatorze mécréants faite par la frégate (à rames) de Mohammed Khodja et de Baba Ali Boudjakdji. 13 rebi 2e 1182 (27 août 1768).

Produit : 4,422 fr. 37 c. (soit 315 fr. 88 c. pour chaque chrétien).

N° 54. Comptes de la capture d'huile faite par le chebec *El-R'oul* (l'Esprit lutin, la Goule), placé sous le commandement du raïs Ben Nefsa. Fin de rebi 2e 1182 (du 4 au 12 septembre 1768).

Produit : 11,439 fr.

N° 55. Comptes d'une capture faite par la frégate (à rames) du Beylik et de Baba Ali Boudjakdji, et consistant en 140 chrétiens. Commencement de djoumada 2e 1182 (du 13 au 22 octobre 1768).

Produit : 63,542 fr. 25 c. (453 fr. 87 c. pour chaque chrétien).

N° 56. Comptes de la capture de Mourali Mohammed raïs, montant le chebec du Beylik. Fin de djoumada 1er 1182 (du 3 au 12 octobre 1768).

Produit : 1,427 fr. 77 c.

N° 57. Comptes de la prise de poissons salés, faite par deux chebecs, savoir : le petit chebec d'Ali et le grand chebec, lequel a été ensuite capturé. 15 redjeb 1182 (25 novembre 1768).

Produit : 6,507 fr.

Résumé de l'année 1768 : 19 prises sans nationalité indiquée, formant un produit total de 165,539 fr. 36 c.

N° 58. Comptes de la prise de planches faite par le petit chebec d'Ali Khodja. 20 choual 1182 (27 février 1769).

Produit : 1,666 fr. 12 c.

N° 59. Comptes d'une prise d'amandes et d'eau-de-vie faite par la frégate (à rames) d'Ali Khodja. 10 safar 1183 (15 juin 1769)

Produit : 9,238 fr. 50 c.

N° 60. Comptes de la capture de huit mécréants, faite par la frégate (à rames) de Boudjakdji Baba Ali et de Mohammed Khodja. 13 rebi 1er 1183 (17 juillet 1769).

Produit : 3,715 fr. 87 c.

N° 61. Comptes de la prise de sel et de bois de construction navale, faite par la frégate (à rames) de Baba Ali Boudjakdji et de Mohammed Khodjet el-melh (écrivain au sel). 1er djoumada 1er 1183 (2 septembre 1769).

Produit : 6,760 fr. 12 c.

N° 62. Comptes d'un navire chargé de sucre, capturé par la frégate (à rames) de Sliman, ex-Khodjet el-bandjek (écrivain aux prises). 19 djoumada 1er 1183 (20 septembre 1769).

Produit : 24,054 fr. 87 c.

N° 63 Comptes de la capture de sel faite par le chebec du Pacha et par la chitia (barque, saëtte) du constructeur de navires. 6 redjeb 1183 (5 novembre 1869).

Produit : 16,777 fr. 11 c.

N° 64. Comptes de la capture de planches faite par Ali raïs el-Griteli (le candiote) avec le chebec de Mohammed Pacha. 15 chaban 1183 (14 décemb.e 1769).

Produit : 7,868 fr. 25 c.

N° 65. Comptes de la capture de toile, de cire, et de chrétiens, faite par la barque (chitia) de l'oukil el-Hardj et par le chebec d'Ali Khodja Fin de chaban 1183 (du 20 au 28 décembre 1769).

Produit : 220,927 fr. 50 c.

Résumé des opérations de l'année 1769 : 8 prises sans nationalité indiquée, donnant un produit total de 291,008 fr. 34 c.

N° 66. Comptes d'une prise comprenant des chrétiens, faite

par le raïs Eddrouech avec le chebec du Beylik. Kada 1183 (mars 1770).

Produit : 8,610 fr. 81 c.

N° 67. Comptes d'une prise faite sur les Portugais par le chebec du Beylik et par le chebec de notre seigneur le Pacha, que commandent le raïs Ali el Griteli et le raïs Saïd. 17 rebi 2e 1184 (10 août 1770).

Produit : 75,791 fr. 25 c.

N° 68. Comptes de la prise de poissons et de halfa, faite par le chebec de Sliman Khodjet el-bandjek. Djoumada 1er 1184 (septembre 1770).

Produit : 1,948 fr. 50 c.

N° 69. Comptes de la capture de deux mécréants d'Oran, faite par la frégate (à rames) de Baba Ali Boudjakdji. 6 redjeb 1184 (26 octobre 1770).

Produit : 582 fr. 75 c. (291 fr. 37 c. pour chacun).

Résumé de l'année 1770 : 4 prises dont 1 portugaise, 1 espagnole et 2 sans nationalité indiquée. Produit total : 86,933 fr. 31 c.

N° 70. Comptes de la prise de blé et de poissons faite par la demi-galère du Beylik, que commande Kalioundji Mohammed raïs. 25 rebi 2e 1185 (7 août 1771).

Produit : 4,350 fr. 50 c.

Nota. L'année 1771 n'offre que la mention de prise ci-dessus.

N° 71. Comptes de la capture de bois de construction navale, faite par deux frégates (à rames) du beylik, placées sous le commandement du raïs Kalioundji et de Sari-Ahmed. 15 djoumada 2e 1186 (13 septembre 1772).

Produit : 11,121 fr. 75 c.

Nota. La prise ci-dessus est la seule qui ait été consignée en 1772.

N° 72. Comptes de la prise de planches et de douves de barriques, faites par la barque (chitia) que commande le raïs El-Islami (juif converti à l'islamisme). 12 chaban 1287 (30 octobre 1773).

Produit : 1,264 fr. 50 c.

N° 73. Comptes de la capture faite par le chebec d'Ali-Khodja que commande le raïs Ali-Cherif. Ce chebec a fait naufrage près du port et un seul mécréant s'est sauvé. 10 choual 1187 (25 décembre 1773).

Produit : 727 fr. 31 c.

Résumé de l'année 1773 : 2 prises sans nationalité indiquée, d'un produit total de 1,991 fr. 81 c.

N° 74. Comptes de la prise faite par la chitia (barque) de l'Oukil-el-Hardj et le chebec de Sliman-Khodja que commande le raïs Hassan. 2 rebi 2e 1188 (12 juin 1774).

Produit : 3,408 fr. 75 c.

N° 75. Comptes de la prise de planches, d'orge et de bois à brûler, faite par deux demi-galères du beylik et le chebec du raïs Hassan-el-Griteli. 5 djoumada 2e 1188 (13 août 1774).

Produit : 14,332 fr. 50 c.

N° 76. Comptes de la prise faite par le chebec de l'Oukil-el-Hardj que commande le raïs El-Hadj-Mehdi. Fin chaban 1188 (du 27 octobre au 4 novembre 1774).

Produit : 21,326 fr. 62 c.

Nota. Cette capture est un chebec de guerre espagnol, pris le 20 chaban 1188, soit le 26 octobre 1774. (Voir mon *Tacherifat*, page 89).

N° 77. Comptes d'une prise de sucre, de cacao, de beurre et de peaux, faite par la barque (chitia) du constructeur de navires que commande le raïs Salah. 19 ramdan 1188 (19 novembre 1774).

Produit : 82,012 fr. 50 c.

Résumé de l'année 1774 : 4 prises dont 1 espagnole (chebec de guerre) et 3 sans indication de nationalité. Produit total : 121,080 fr. 37 c.

N° 78. Comptes de la prise faite par la barque (chitia) du Kheznadji (trésorier de la régence), par le chebec de l'Oukil-el-

Hardj (ministre de la marine) et par le chebec du constructeur de navires. Seize mécréants. Moharrem 1189 (mars 1775).

Produit : 7,119 fr.

N° 79. Comptes d'une prise faite par Ralioundji avec le chebec du beylik et vendue à Tunis. Moharrem 1189 (mars 1775).

Produit : 642 fr. 37 c.

N° 80. Comptes de la capture de mécréants maudits, faite par la chitia (barque) de l'Oukil-el-Hardj que commande le raïs El-Islami (juif converti à l'islamisme). 10 rebi 1er 1189 (11 mai 1775).

Produit : 10,701 fr.

N° 81. Comptes de la capture de huit mécréants, faite par le chebec du beylik que commande le raïs El-Mer'arbi (le marocain). 10 rebi 1er 1189 (11 mai 1775).

Produit : 37,664 fr. 40 c.

Montant de chaque part : 2 rial (1), 7 huitièmes, 20 dirhem.

N° 82. Comptes de la prise de sucre, de bois de Campêche et de peaux, faite par le chebec d'Oulid-Ali-Khodja que commande le raïs Indja-Mohammed. Rebi 2e 1189 (juin 1775).

	Rial	Huit.
Bandjek	1,785	4
Déchargement	300	
Capitaine de prise	150	6
Prime d'abordage	4	2
Chaouch, agha et serviteur du détachement (de janissaires)	20	2
	2,260	6
Chaouch du bandjek	40	4
Chaouch juif	20	2
Changeurs	48	
Crieurs (de la vente aux enchères)	24	
Pesage	102	
A reporter	2,495	4

(1) Je rappelle que le rial valait à cette époque 1 fr. 125 m.

Report.	2.495	4
Les deux frégates (à rames) et le bateau	27	
Gardiens.	6	
Frais divers.	6	5
Crieurs des peaux.	54	
Local.	4	4
	2,593	5
Ourdiau.	9	
Oukil el-Hardj.	9	
Port.	116	
Total.	2,727	5

Total du produit.	14,284		(16,069 fr. 50 c.)
A déduire.	2,727	5	
Reste.	11,556	3	
Dont moitié	5,778	1	
Prix du sucre	37,490		(42,176 fr. 25 c.)
	43,268	1	

Nombre des parts : 341.

Montant de chaque part : 126 rials 5 huitièmes.

No 83. Comptes de la capture de dix-huit mécréants, faite par les deux frégates (à rames) d'Oulid Ali Khodja et de Ben Errouaz. 1er redjeb 1189 (28 août 1775).

Produit : 7,629 fr. 18 c.

Montant de chaque part : 26 rial, 5 huitièmes, 14 dirhem.

Résumé de l'année 1775 : 6 prises sans nationalité indiquée, donnant un produit total de 122,001 fr. 70 c.

No 84. Comptes d'une prise de corail et de mécréants, faite par quatre demi-galères et une frégate (à rames) du Beylik. Djoumada 1er 1190 (juillet 1776).

Produit : 25,944 fr. 75 c.

Montant de chaque part : 13 rial, 1 huitième, 21 dirhem.

No 85. Comptes de la prise de paille faite par deux frégates (à rames). Redjeb 1190 (août 1776).

Produit : 132 fr. 87 c. (Les dépenses ont absorbé le produit, en sorte qu'aucune distribution n'a pu être faite aux équipages).

N° 86. Comptes de la capture de sardines faite par la frégate (à rames) du raïs Mohammed Moummou. 12 redjeb 1190 (27 août 1776).

Produit : 7,726 fr. 50 c.

Montant de chaque part : 41 rial, 3 huitièmes, 15 dirhem.

N° 87. Comptes de la capture faite par la barque (chitia) du constructeur de navires, et amenée par le raïs Salah. Derniers jours de redjeb 1190 (septembre 1776).

Produit : 4,137 fr. 75 c.

Montant de chaque part : 3 rial, 6 huitièmes.

N° 88. Comptes d'une prise de fer et de farine, faite par quatre demi-galères. 1er chaban 1190 (15 septembre 1776).

Produit : 2,328 fr. 75 c.

N° 89. Comptes d'une prise de blé et de poissons salés faite par deux frégates (à rames), dont l'une à Hassan Barmaksis (main mutilée), et l'autre au Beylik et commandée par le raïs Draou. Chaban 1190 (octobre 1776).

Produit : 17,910 fr.

Montant de chaque part : 20 rial, 6 huitièmes.

N° 90. Comptes d'une prise d'orge faite par le chebec de Sliman Khodja, que commandait le défunt raïs Kaddour. 3 chaban 1190 (17 septembre 1776).

Produit : 3,424 fr. 52 c.

Montant de chaque part : 4 rial, 5 dirhem.

N° 91. Comptes de la capture de mécréants faite par la barque (chitia) de l'oukil el-hardj, et par le chebec d'Oulid Ali Khodja. Chaban 1190 (septembre 1776).

Produit : 20,812 fr. 50 c.

Montant de chaque part : 10 rial, 6 huitièmes, 11 dirhem.

(Cette capture est une gabarre de guerre espagnole, prise le 6 septembre 1776 par une barque de 20 canons que commandait le raïs Sliman, et par un chebec de 18 canons que commandait le raïs Indja Mohammed. Voir mon *Tachrifat*, p. 90, et mon travail sur la marine de la Régence d'Alger, n° 77 de la *Revue africaine*).

N° 92. Comptes de la prise faite par la barque (chitia) du pacha, que commande le raïs El-Hadj Mohammed el-Islami (Juif converti à l'islamisme). 21 ramdan 1190 (5 octobre 1776).
Produit : 8,988 fr. 75 c.
Montant de chaque part : 5 rial, 6 huitièmes.

N° 93. Comptes de la prise faite par les deux chebecs du Beylik, que commandent le raïs Mohammed el-Mer'arbi (le Marocain) et le raïs Ralioundji. Kada 1190 (décembre 1776).
Produit : 13,165 fr. 87 c.
Montant de chaque part : 4 rial, 4 huitièmes.

Résumé de 1776 : 10 prises dont 1 espagnole (gabarre de guerre) et 9 sans indication de nationalité, présentant un produit général de 104,572 fr. 26 c.

N° 94. Comptes de la prise du petit chebec commandé par le raïs Hassan. Moharrem 1191 (février 1777).
Produit : 2,521 fr. 12 c.
Montant de chaque part : 2 rial, 2 huitièmes.

N° 95. Comptes de la prise d'un navire de guerre chrétien, faite par la chitia (barque ou saëtte) de notre seigneur le Pacha, que commande le raïs El-Hadj Mohammed el-Islami (Juif converti à l'islamisme). Fin de rebi 1er de l'année 1191 (mai 1777).
Produit : 83,692 fr. 12 c.
Montant de chaque part : 57 rial, 1 huitième, 6 dirhem.

N° 96. Comptes de la capture de quatre chrétiens faite par le chebec d'Oulid Ali Khodja, placé sous le commandement du raïs Indja Mohammed. 2 rebi 2e 1191 (10 mai 1777).
Produit : 2,656 fr. 12 c. (664 fr. 03 c. pour chaque chrétien).
Montant de chaque part : 2 rial, 7 huitièmes.

N° 97. Comptes de la prise de charbon, de sardines et de

quatre chrétiens, faite par le chebec de Ben Rouaz. Fin de djoumada 2e de l'année 1191 (août 1777).

Produit : 3,160 fr. 12 c.

Montant de chaque part : 4 rial, 1 huitième.

N° 98. Comptes d'une prise d'orge faite par quatre demi-galères du Beylik. 4 redjeb 1191 (8 août 1777).

Produit : 3,241 fr. 12 c.

N° 99. Comptes de la prise de bois de construction navale, faite par la frégate (à rames) de Boudjakdji Baba Ali. 4 redjeb 1191 (8 août 1777).

Produit : 3,341 fr. 25 c.

Montant de chaque part : 20 rial, 2 huitièmes.

N° 100. Comptes d'une prise de bois de construction navale, faite par la frégate (à rames) du raïs Mohammed Mammou. 17 redjeb 1191 (21 août 1777).

Produit : 3,235 fr. 50 c.

Montant de chaque part : 16 rial 5 huitièmes.

N° 101. Comptes de la prise de bois pour construction navale, faite par la frégate (à rames) du Pacha, que commande le raïs Barmaksis. 17 redjeb 1191 (24 août 1777).

Produit : 1,386 fr.

Montant de chaque part : 2 rial 1 huitième 9 dirhem.

N° 102. Comptes d'une prise faite par le chebec de Ben Er-rouaz et dont le montant a été envoyé de Gibraltar. 10 ramdan 1191 (12 octobre 1777).

Produit : 1,002 fr. 87 c.

Montant de chaque part : 1 rial 3 huitièmes 6 dirhem.

N° 103. Comptes de la prise de bois de construction navale, faite par El Hadj Mohammed el-Islami. 24 ramdan 1191 (26 octobre 1777).

Produit : 5,575 fr. 37 c.

Montant de chaque part : 3 rial 1 huitième 9 dirhem.

N° 104. Comptes de la prise du petit chebec de Ben Rouaz, commandé par le raïs Sari Mohammed. 25 ramdan 1191 (27 octobre 1777).

Produit : 4,846 fr. 50 c.

Montant de chaque part : 7 rial 5 huitièmes 18 dirhem.

N° 105. Comptes d'une prise du chebec d'Oulid Ali Khodja, commandé par le raïs Kadoussi. 25 ramdan 1191 (27 octobre 1777).

Produit : 4,615 fr. 87 c.

Montant de chaque part : 4 rial 2 huitièmes.

N° 106. Comptes de la capture de quatre chrétiens, faite par la chitia (saëtte ou barque) de l'oukil El Hardj, que commande le raïs El Hadj Mehdi. 25 ramdan 1191 (27 octobre 1777).

Produit : 1,814 fr. 62 c.

Montant de chaque part : 1 rial 3 huitièmes.

N° 107. Comptes d'une prise de charbon, faite par le chebec d'Oulid Ali Khodja et vendue en France. 1er choual 1191 (2 novembre 1777).

Produit : 1,362 fr. 37 c.

Montant de chaque part : 1 rial 55 dirhem.

Résumé de l'année 1777 : 14 prises sans nationalité indiquée et parmi lesquelles figure un navire de guerre.

Produit total : 122,440 fr. 95 c.

N° 108. Comptes de la capture de onze mécréants, faite par les *chitia* (barques) du Beylik et autres. 16 rebi 2e 1192 (14 mai 1778).

Produit : 4,056 fr. 75 c.

Montant de chaque part : 4 huitièmes 3 dirhem.

N° 109. Comptes de la prise faite par la frégate (à rames) de Baba-Ali-Boudjakdji. Il y a six mécréants. 2 djoumada 2e 1192 (28 juin 1778).

Produit : 1,903 fr.

Montant de chaque part : 9 rial 7 huitièmes.

N° 110. Comptes d'une prise de bois de construction navale et d'orge, faite par quatre demi-galères. 15 chaban 1192 (8 septembre 1778).

Produit ; 1,633 fr. 50 c.

N° 111. Comptes d'une capture de tabac faite par la chitia (barque, saëtte) de l'oukil El-Hardj, que commande le raïs Sliman. 1er ramdan 1192 (23 septembre 1778).

	Rial.	
Bandjek	10.001	
Déchargement	100	
Capitaine de prise	172	3
Caïd Eddoukan	3.315	
Prime d'abordage	4	4
	13.592	7
Chaouch, aga et serviteur du détachement	30	
Chaouch du Bandjek	40	
Chaouch juif	20	
Changeurs	270	
Crieur	54	
	14.006	7
Crieur	166	
Pesage	60	
Biskris du bateau	27	
Gardiens	30	
Ourdian et bateau	18	1
Port	657	
	43	
	14.997	

	Rial.		
Total du produit	80.028		
A déduire	14.955		(*sic*)
Reste	65.073		
Dont moitié	32.536	4	
A déduire	21	4	
	32.515	0	

Nombre des parts : 351 4 (huitièmes).
Montant de chaque part : 95 rial.
(Le produit brut est de 90.031 fr. 50 c.)

N° 112. Comptes d'une prise de chrétiens, de numéraire et d'autres objets, faite par Sliman, raïs, nommé ci-dessus.

Produit : 5,555 fr. 48 c.

Montant de chaque part : 113 rial et 4 huitièmes.

N° 113. Comptes de la prise faite par le raïs Sliman et par le raïs Ben Errouaz. Ramdan 1192 (octobre 1778).

Produit : 18,697 fr. 50 c.

Montant de chaque part : 11 rial 6 huitièmes.

N° 114. Comptes de la capture faite par la chitia (barque, saëte) d'El-Hadj Mohammed *bache-ma'llem* (ouvrier en chef). 15 choual 1192 (6 novembre 1778).

Produit : 16,219 fr. 12 c.

Montant de chaque part : 15 rial.

N° 115. Comptes d'une prise de noisettes et autres objets, faite par le chebec d'Oulid Ali Khodja, que commande le raïs Kadoussi. Kada 1192 (décembre 1778).

Produit : 27,630 fr.

Montant de chaque part : 27 rial 6 huitièmes.

N° 116. Comptes de la prise de cuivre, d'huile et de peaux, faite par la chitia (saëtte) du constructeur de navires. Kada 1192 (décembre 1778).

Produit : 44,201 fr. 25 c.

Montant de chaque part : 46 rial 3 huitièmes.

N° 117. Comptes d'une prise de numéraire, faite par le chebec d'Ouled Ali Khodja, que commande le raïs Kadoussi. 23 kada 1192 (13 décembre 1778).

Produit : 3,159 fr.

Montant de chaque part : 8 rial

N° 118. Comptes de la prise faite par la chitia (barque) de notre Seigneur le Pacha, que commande le raïs El-Hadj Mohammed el-Islami. Kada 1192 (décembre 1778).

Produit : 3,402 fr. 56 c.

(Cette capture est un bateau (sandal) de guerre de nationalité non indiquée, — mais probablement espagnol, d'après le nom du capitaine : *Pedro Salomon*, — pris le 24 octobre 1778. Voir page 91 de mon *Tacherifat*).

Montant de chaque part : 2 rial 3 huitièmes.

N° 119 Comptes de la prise de vin faite par le chebec de Ben Ettaleb, que commande le raïs Kaddour. 18 kada 1192 (8 décembre 1778).

Produit : 12,821 fr. 62 c.

Montant de chaque part : 15 rial 2 huitièmes.

N° 120. Comptes de la prise faite par la chitia (barque) d'Oulid Ali Khodja, que commande le raïs Kadoussi. 18 kada 1192 (8 décembre 1778).

Produit : 93,449 fr. 25 c.

Montant de chaque part : 86 rial.

N° 121. Comptes de la capture faite par la chitia (barque) de l'oukil El-Hardj, que commande le raïs Sliman. Cette prise se compose de cinq mécréants et de sparterie. 8 hidja 1192 (28 décembre 1778).

Produit : 1,309 fr. 50 c.

Montant de chaque part : 84 dirhem.

Résumé de l'année 1778 : 14 prises, dont une espagnole (navire de guerre) et 13 sans nationalité indiquée. Produit total : 324,075 fr. 03 c.

N° 122. Comptes de la prise faite par la chitia de l'oukil El-Hardj, que commande Ben Nefsa, et par Kadoussi, raïs. 1er djoumada 2e 1193 (16 juin 1779).

Produit : 57,748 fr. 50 c.

Montant de chaque part : 25 rial 4 huitièmes 7 dirhem.

N° 123. Comptes d'une prise consistant en vin et en sept mécréants, faite par le raïs Kaddour. 10 djoumada 2e 1193 (25 juin 1779).

Produit : 7,447 fr. 50 c.

Montant de chaque part : 10 rial 7 huitièmes.

N° 124. Comptes de la prise faite par les barques (chitia) de de l'oukil El-Hardj (ministre de la marine), que commandent le raïs Ben Nefsa et Sliman, raïs. 15 djoumada 2e 1193 (30 juin 1779).

Produit : 58,401 fr.

Montant de chaque part : 29 rial 2 huitièmes.

N° 125. Comptes d'une capture de quatre mécréants, faite par la frégate (à rames) de Baba-Ali Boudjakdji, que commande le raïs Hossaïn. Fin de chaban 1193 (septembre 1779).

Produit : 1,507 fr 50 c.

Montant de chaque part : 7 huitièmes de rial et 1 dirhem.

N° 126. Comptes de la prise faite par la saëtte et le chebec que commandent Ben Nefsa et Kadoussi. Fin de chaban 1193 (septembre 1779).

Produit : 2,028 fr. 37 c.

Montant de chaque part : 6 huitièmes de rial.

N° 127. Comptes de la prise faite par le chebec d'Ouled Ali, que commande le raïs Kaddour. Fin de chaban 1193 (septembre 1779).

Produit : 19,003 fr. 50 c.

Montant de chaque part ; 17 rial et 3 huitièmes.

N° 128. Comptes de la prise faite en commun par trois navires du Beylik, dont l'un est commandé par Ben Zirouan. Commencement de ramdan 1193 (septembre 1779).

Produit : 53,942 fr. 62 c. Chaque part : 10 rial.

N° 129. Comptes de la prise faite aussi par trois navires que commandent Ben Zirouan, El-Islami et Ralioundji. Ramdan 1193 (septembre 1779).

Produit : 8,273 fr. 25 c. Chaque part : 5 rial 7 huitièmes.

N° 130. Comptes d'une prise faite par la frégate (à rames) du raïs Mustapha Kahwadji (cafetier). 28 ramdan 1193 (9 octobre 1779).

Produit : 40,565 fr. 25 c. Chaque part : 222 rial 3 huitièmes.

N° 131. Comptes de la prise de spartes faite par la barque (chitia) de l'Oukil el-Hardj, que commande le raïs Sari Mohammed. Ramdan 1193 (octobre 1779).

Produit : 1,375 fr. 31 c. Chaque part : 1 rial 1 huitième.

N° 132. Comptes de la prise faite par la barque (chitia) neuve du constructeur de navires, que commande le raïs Kara Hassan. 10 choual 1193 (21 octobre 1779).

Produit : 34,650 fr. Chaque part : 37 rial 2 huitièmes et 1/2.

N° 133. Comptes de la prise de terre à savon (soude pour la fabrication du savon ?) faite par la frégate (à rames) du raïs Ben Kaour. 14 choual 1193 (25 octobre 1779).

Produit : 1,604 fr. 50 c.

N° 134. Comptes de la prise faite par la barque (chitia) de Ben Ettaleb, que commande le raïs Kaddour. 15 choual 1193 (26 octobre 1779).

Produit : 28,670 fr. 62 c. Chaque part : 34 rial 5 huitièmes et 1/2.

Résumé de l'année 1779 : 13 prises sans nationalité indiquée d'un produit total de 315,217 fr. 92 c.

(Entre le n° 134 et le n° 135, il y a cinq pages et demie en blanc).

N° 135. Comptes de la prise faite par la barque (chitia) du bachema'llem (chef ouvrier), que commande le raïs Kara Hossaïn et par la barque de l'Oukil el-Hardj, que commande le raïs Sari Mohammed. Cette prise se compose, de sept voitures, d'huile et de neuf mécréants. 1194 (1780).

Produit : 38,452 fr. 50 c. Chaque part : 19 rial, 2 huitièmes et 3 dirhem.

N° 136. Comptes d'une prise de vin faite par le chebec de Sidi Hassan Oukil el-Hardj, que commande le raïs Ahmed Barnaout (l'Albanais), laquelle a été vendue à Tunis. 19 rebi 1er 1194 (25 mars 1780).

Produit : 3,796 fr. 87 c. Chaque part : 2 rial, 6 huitièmes e 13 dirhem.

N° 137. Comptes de la prise faite par Indja Mohammed et par

Hadj Mehdi Ben el-Kherrat. Ramdan 1194 (septembre 1780).

Produit : 12,201 fr. 75 c. Chaque part : 3 rial et 5 huitièmes.

N° 138. Comptes de la prise faite par le raïs Mohammed Kadoussi avec le chebec de l'oukil El-Hardj. Rebi' 2e 1194 (avril 1780).

Produit : 53,022 fr. 37 c. Chaque part : 62 rial, 3 huitièmes et 8 dirhem.

N° 139. Comptes de la prise de savon faite par la barque (chitia) de l'oukil El-Hardj et par la barque du constructeur (de navires), que commandent le raïs Kara Hossaïn et Sari Mohammed. Rebi' 2e 1194 (avril 1780).

Produit : 44,713 fr. 12 c. Chaque part : 22 rial 1 huitième.

N° 140. Comptes de la prise faite par Indja Mohammed avec la barque (chitia) de l'oukil El-Hardj, dans le mois de djoumada 2e de l'année 1194 (juin 1780).

Produit : 10,986 fr. 75 c. Chaque part : 7 rial 3 huitièmes.

N° 141. Comptes de la prise de savon faite par la chitia (barque de notre Seigneur le Pacha, que commande le raïs Mohammed, dans le mois de djoumada 2e 1194 (juin 1780).

Produit : 35,357 fr. 62 c.

N° 142. Comptes relatifs à la prise faite par Ben Zeurman et par Ralioundji Sliman, laquelle a été vendue à Gibraltar, en redjeb 1194 (juillet 1780).

Produit : 35,246 fr. 25 c. Chaque part : 6 rial 6 huitièmes.

N° 143. Comptes de la prise faite par la galiote de notre Seigneur le Pacha, que commande le raïs Barmaksis (main mutilée). Redjeb 1194 (juillet 1780).

Produit : 24,824 fr.

N° 144. Comptes de la prise de poterie faite par la frégate (à rames) d'Ali Khodja, que commande le raïs Mustapha Kahwadji (cafetier). Mois de redjeb de l'année 1194 (juillet 1780).

Produit : 7,796 fr. 25 c. Chaque part : 33 rial 5 huitièmes.

N° 145. Comptes de la prise faite par la saëtte (chitia) de l'oukil

El-Hardj et par le chebec d'El-Hadj Otsman, que commandent le raïs Salah et Sari Mohammed. Redjeb 1194 (juillet 1780).

Produit: 27,787 fr. 50 c. Chaque part: 15 rial 3 dirhem.

N° 146 Comptes de la prise faite par le chebec de Hadji Keladji que commande le raïs Mohammed. Redjeb 1194 (juillet 1780).

Produit: 97,195 fr. 50 c. Montant de chaque part: 200 rial 5 huitièmes 12 dirhem.

N° 147. Comptes de la prise faite par la frégate (à rames) du raïs Kara Khelil, en chaban 1194 (août 1780).

Produit: 10,631 fr. 25 c.

N° 148. Comptes de la prise faite par El-Hadj Hossaïn, en chaban 1194 (août 1780).

Produit : 1,083 fr. 37 c.

N° 148 bis. Comptes de la prise faite par la barque (chitia) de Ralioundji, par la barque d'El-Islami et par le raïs Memmou. Kada 1194 (novembre 1780).

Produit : 11,009 fr. 25 c.

Montant de chaque part : 2 rial, 5 huitièmes.

N° 149. Comptes de la prise faite par El-Hadj Mohammed el-Islami, Ralioundji, Sari Mohammed raïs, et le raïs Memmou. Kada 1194.

Produit : 43,209 fr.

Résumé de l'année 1780 : 16 prises sans nationalité indiquée, donnant un produit total de 457,313 fr. 35 c.

N° 150. Comptes de la prise faite par cinq navires de guerre que commandent Ralioundji, Selmia, Hadj Sliman, Sari Mohammed et raïs Memmou. Djoumada 1er 1195 (mai 1781).

Produit : 63,257 fr. 62 c.

N° 151. Comptes relatifs à une prise faite sur les Livournais en djoumada 1er 1195 (mai 1781).

Produit : 8,960 fr. 25 c.

N° 152. Comptes d'une prise faite par raïs Selmia, Hadj Sliman, Sari Mohammed, Indja Mohammed, Ralioundji et Memmou. Djoumada 1er 1195 (mai 1781).

Produit : 31,696 fr. 87 c.

Montant de chaque part : 4 rial, 5 huitièmes.

N° 153. Comptes d'une prise faite par raïs Selmia et Hadji Sliman. Djoumada 1er 1195 (mai 1781).

Produit : 13,019 fr. 62 c.

Montant de chaque part : 5 rial, 2 huitièmes.

N° 154. Comptes de la prise faite par le chebec de Hadj Osman, que commande Kara Khelil. Djoumada 2e 1195 (juin 1781).

Produit : 4,677 fr. 75 c.

Montant de chaque part : 4 rial, 6 huitièmes.

N° 155. Comptes de la prise faite par Kara Hossaïn avec la chitia (barque) du constructeur de navires. Djoumada 2e 1195 (juin 1781).

Produit : 34,481 fr. 25 c.

Montant de chaque part : 35 rial, 3 huitièmes.

N° 156. Comptes des deux prises du raïs Memmou. Djoumada 2e 1195 (juin 1781).

Bandjek	6.149 4
Déchargement.	300
Capitaines des deux prises	172
Vigie	9
Chaouch et aga du détachement.	20 2
	6.650 6
Chaouch du Bandjek.	27
Chaouch juif	12
Changeurs	200
Caïd eddoukhan.	210
Peseur.	96
	7.195 6
Gardiens	16
Portefaix	36
A reporter.	7.247 6

	Report.	7.247 6
Frégate		64 4
Crieurs		180
Achat de pain		8
		7.500 2
Prix de la boutique		3
Ourdian		9
Droits du port		508 6
		8.021 0
Part des marabouts		345
		8.366

Total du produit	58.400
A déduire	8.366
	50.034
Moitié de l'excédant	25.017

Nombre des parts : 520 4.
Montant de chaque part : 48 rial.
Nota. — Le *produit brut* s'élève à 65,700 fr.

N° 157. Comptes de la prise faite par le raïs Sari Mohammed. Djoumada 2e 1195 (juin 1781).
Produit : 40,987 fr. 12 c.
Montant de chaque part : 39 rial, 4 huitièmes.

N° 158. Comptes de la prise faite par le raïs Selmia et par Memmou, en redjeb 1195 (juillet 1781).
Produit : 17,642 fr. 25 c.
Montant de chaque part : 6 rial, 1 huitième.

N° 159. Comptes de la prise faite par le raïs Selmia, par Sari Mohammed et par Memmou. Chaban 1195 (août 1781).
Produit : 29,244 fr. 37 c.
Montant de chaque part : 7 rial, 3 huitièmes, 21 dirhem.

N° 160. Comptes de la prise faite par la frégate (à rames) de Ben Ali Khodja. Ramdan 1195 (septembre 1781).

Produit : 1,474 fr. 87 c.

Montant de chaque part : 4 rial, 2 huitièmes.

N° 161. Comptes de la prise faite par la frégate (à rames) du fils d'El-Borteguil, en chaban 1195 (août 1781).

Produit : 5,062 fr. 50 c.

Montant de chaque part : 27 rial, 1 huitième.

Résumé de l'année 1781 : 13 prises dont 1 livournaise et 12 sans nationalité indiquée, d'un produit total de 316,204 f. 47 c.

N° 162. Comptes relatifs à la prise faite par le raïs Mohammed el-Kadoussi. Mois de safar 1196 (février 1782).

Produit : 1,085 fr. 62 c.

Montant de chaque part : 1 rial et 3 huitièmes.

N° 163. Dépenses de la chitia (barque) de Selmia et du raïs Memmou. Safar 1196 (février 1782).

Produit : 87,606 fr.

Montant de chaque part : 35 rial.

N° 164. Dépenses du chebec de l'oukil el-hardj, commandé par le raïs Sari Mohammed, relativement à une prise qui a été vendue en France. Safar 1196 (février 1782).

Produit : 6,784 fr. 87 c.

Montant de chaque part : 6 rial, 6 huitièmes.

N° 165. Dépenses de la frégate (à rames) du raïs Youssef Barnaout. Chaban 1196 (juillet 1782).

Produit : 1,937 fr. 25 c.

Montant de chaque part : 0 rial.

N° 166. Comptes d'une prise hollandaise faite par la barque (chitia) de Ralioundji et par El-Hadj Sliman. Rebi 1er 1196 (mars 1782).

Produit : 204,202 fr. 12 c.

Montant de chaque part : 75 rial.

N° 167. Comptes relatifs à une prise faite par le raïs Kherrat (tourneur) et le raïs Salah, et vendue à Tunis. Djoumada 2e 1196 (mai 1782).

Produit : 34,068 fr. 37 c.

Montant de chaque part : 17 rial, 5 huitièmes.

N° 168. Comptes relatifs à une prise faite par la frégate (à rames) d'Oulid Ali Khodja, que commande le raïs Laz Mustapha. Chaban 1196 (juillet 1782).

Produit : 28,085 fr. 62 c.

Montant de chaque part : 155 rial, 6 huitièmes.

N° 169. Comptes relatifs à une prise de planches faite par cinq navires. Chaban 1196 (juillet 1782).

Produit : 1,314 fr.

Montant de chaque part : 53 dirhem.

N° 170. Comptes relatifs à une prise faite par trois navires, que commandent les raïs Selmîa, Salah et Kahwadji. Chaban 1196.

Produit : 18,167 fr. 50 c.

N° 171. Comptes d'une prise faite par la frégate (à rames) du fils de constructeur de navires, que commande le raïs Ibrahim. Ramdan 1196 (août 1782).

Produit : 5,593 fr. 50 c.

Chaque part : 17 rial.

N° 172. Comptes de la prise faite par le chebec du fils d'Ali Khodja, que commande le raïs Ralioundji. Ramdan 1196 (août 1782).

Produit : 2,829 fr. 37 c.

Chaque part : 6 rial, 6 huitièmes.

N° 173. Comptes de la prise qu'a faite la petite frégate (à rames) commandée par le raïs Ralioundji. Ramdan 1196 (août 1782).

Produit : 1,389 fr. 37 c.

Chaque part : 4 rial, 6 huitièmes, 11 dirhem.

N° 174. Comptes d'une prise qu'a faite la frégate (à rames) du fils d'Ali Khodja, que commande le raïs Laz Our'lou. Ramdan 1196 (août 1782).

Produit : 10,170 fr.
Chaque part : 45 rial, 5 huitièmes.

N° 175. Comptes d'une prise faite par le chebec du constructeur (de navires) et par le chebec d'El-Hadj Otsman. Moharrem 1197 (décembre 1782).
Produit : 66,343 fr. 50 c.
Chaque part : 28 rial, 4 huitièmes, 17 dirhem.

N° 176. Comptes de la prise faite par la petite barque (chitia) de l'oukil el-hardj. Kada 1196 (octobre 1782).
Produit : 1,040 fr. 62 c.
Chaque part : 1 rial, 7 dirhem.

N° 177. Comptes relatifs à la prise faite par la chitia (barque, saëtte) de notre seigneur le Pacha, que commande Mustapha Kahwadji (le cafetier). Hidja 1196 (novembre 1782).
Produit : 10,756 fr. 12 c.
Chaque part : 8 rial, 3 huitièmes, 10 dirhem.

N° 178. Comptes des prises faites par Selmia, Ben Tabak, Kahwadji, Sari Mohammed et Ben Kherrat. 27 hidja 1196 (3 décembre 1782).
Produit : 74,826 fr.

N° 179. Comptes des prises faite par la petite chitia (barque) de l'oukil el-hardj, que commande le raïs Rarnaout (l'Albanais) Salah. Moharrem 1197 (décembre 1782).
Produit : 27,380 fr. 25 c.

Résumé de l'année 1782 : 18 prises, dont 1 hollandaise et 17 sans nationalité indiquée, offrant un produit total de 581,580 fr. 08 c.

N° 180. Comptes de la prise faite par le chebec de notre seigneur le Pacha, que commande le raïs Mohammed Kadoussi. Safar 1197 (janvier 1783).
Produit : 40,750 fr. 87 c.

N° 181. Comptes d'une prise de poix, de goudron et d'orge, faite par le chebec d'El-Hadj Otsman. 1197 (1783).

Produit : 14,014 fr. 12 c.

Chaque part : 14 rial, 4 huitièmes.

N° 182. Comptes des prises faites par les barques (chitia) de Ben Tabak, de Khawadji, de Sari Mohammed, de Rarnaout et de Salah.

Produit : 52,096 fr. 50 c.

N° 183. Comptes relatifs à la prise de sardines faite par le chebec du constructeur de navires. 1197 (1783).

Produit : 18,364 fr. 50 c.

N° 184. Comptes de la prise de blé et de melons, faite par la frégate (à rames) d'El-Hadj Otsman. 1197 (1783).

Produit : 12,929 fr. 62 c.

N° 185. Comptes de la prise faite par la barque (chitia) de Ben Etturki, que commande le raïs Ralioundji. 1197 (1783).

Produit : 2,818 fr. 12 c.

Montant de chaque part : 24 rial, 2 huitièmes, 4 dirhem.

N° 186. Comptes de la prise d'El-Hadj Mustapha et de Salah raïs. 1197 (1783).

Produit : 3,351 fr. 50 c.

Chaque part : 3 rial, 1 huitième et 4 dirhem.

N° 187. Comptes relatifs à la prise faite par El-Hadj Mohammed el-Islami, El-Hadj Mustapha, El-Hadj Mohammed Sari, Ben Tabak et Kadoussi. 1197 (1783).

Produit : 10,164 fr. 39 c.

Chaque part : 1 rial, 2 huitièmes et 17 dirhem.

N° 188. Comptes de la prise d'orge faite par la frégate (à rames) du fils d'Ali Khodja. 1197 (1783).

Produit : 11,835 fr.

Chaque part : 65 rial, 1 huitième.

N° 189. Comptes de la prise de caroubes et de blé faite par la barque de l'oukil el-hardj, que commande le raïs Salah. 1197 (1783).

Produit : 13,701 fr. 37 c.

Chaque part : 12 rial, 4 huitièmes, 20 dirhem.

Résumé de l'année 1783 : 10 prises sans nationalité indiquée, donnant un produit total de 180,025 fr. 99 c.

N° 190. Comptes relatifs à la prise faite par le chebec du constructeur de navires, non compris le montant des chrétiens. Mois de moharrem 1199 (novembre 1784).

Produit : 7,039 fr. 12 c.

Chaque part : 5 rial, 3 dirhem.

N° 191. Comptes de la prise de blé faite par la barque (chitia) d'Ibrahim raïs. Moharrem 1199.

Produit : 10,721 fr. 25 c.

N° 192. Comptes d'une prise faite par Ibrahim raïs et par Mustapha Kahwadji (cafetier) raïs. Le produit des mécréants est net.

Produit : 2,503 fr. 12 c.

N° 193. Comptes de la prise d'étoffes à dessins (indiennes) faite par la chîtia (saëtte, barque) de l'oukil el-hardj, que commande El-Hadj Mohammed, et par Khendour. 1199 (1784).

Produit : 4,280 fr. 62 c

N° 194. Comptes de la prise faite par Denial raïs, avec la frégate (à rames) de l'oukil el-hardj.

Produit : 2,849 fr. 62 c.

Chaque part : 8 rial.

N° 195. Comptes de la prise faite par Ibrahim raïs et par Salah Djidjeli, raïs (commandant) du chebec d'El-Hadj Otsman.

Produit : 10,062 fr. 11 c.

Résumé de l'année 1784 : 6 prises sans nationalité indiquée, d'un produit total de 37,455 fr. 84 c.

N° 196. Comptes de la prise de charbon faite par El-Hadj Mustapha kahwadji (cafetier). Chouel 1199 (août 1785)

Produit : 537 fr. 12 c.

Chaque part : 50 rial.

N° 197. Comptes de la prise de blé et d'autres choses, faite par Rarnaout Salah avec la barque (chitia) de l'oukil el-hardj. 22 choual 1199 (28 décembre 1785).

Produit : 64,895 fr. 62 c.

Chaque part : 59 rial, 4 huitièmes.

N° 198. Comptes de la prise de farine et de peignes, faite par le navire du constructeur de bâtiments que commande le raïs El-Arbi. 23 choual 1199 (29 août 1785).

Produit : 40,917 fr. 62 c.

Chaque part : 31 rial, 1 dirhem.

N° 199. Comptes de la prise faite par El-Hadj Mohammed el-Islami avec le chebec du Pacha. 29 choual 1199 (4 septembre 1785).

Produit : 24,958 fr. 12 c.

Chaque part : 14 rial, 1 huitième, 2 dirhem.

N° 200. Comptes de la prise d'alcool, faite par le chebec de l'oukil el-hardj. 3 Moharrem 1200 (6 novembre 1785).

Produit : 2,106 fr.

N° 201. Comptes de la prise d'alcool faite par le chebec de l'oukil el-hardj et par deux frégates (à rames) appartenant l'une au fils d'Ali Khodja et l'autre à El Borteguil. 15 moharrem 1200 18 novembre 1785).

Produit : 4,089 fr. 57 c.

Chaque part : 8 rial, 6 huitièmes.

N° 202. Comptes de la prise de blé faite par El-Hadj Mohammed, Ralioundji, Otsman raïs, Ibrahim raïs, Denial raïs, Salah raïs et Ahmed raïs. 1200 (1785).

Produit : 41,940 fr.

Chaque part : 3 rial, 7 huitièmes.

N° 203. Comptes de la prise faite par Ibrahim raïs avec sa barque (chitia) ; le produit des mécréants est net. Moharrem 1200 novembre 1785).

Produit : 6.905 fr. 37 c.

Chaque part : 5 rial, 5 huitièmes, 18 dirhem.

N° 204. Comptes relatifs à la prise faite par Ralioundji, par

Draou, par Otsman raïs et par le chebec du constructeur de navires. 1200 (1785).

Produit : 23,027 fr. 62 c.

Chaque part : 5 rial, 3 huitièmes, 9 dirhem.

Résumé de l'année 1785 : 9 prises sans nationalité indiquée, d'un produit total de 209,377 fr. 04 c.

N° 205. Comptes de la prise de mécréants faite par El-Hadj Mohammed el-Islami 19 Ramdan 1200 (19 juillet 1786).

Produit : 7,970 fr. 62 c.

Chaque part : 6 rial, 7 dirhem.

N° 206. Comptes de la prise de vin faite par le raïs Salah. 5 Ramdan 1200 (5 juillet 1786).

	Rial	Huit.
Bandjek	7,395	6
Capitaine de prise	129	2
Salaire de la Vigie	4	4
Chaouch et agha du détachement	19	
Chaouch du bandjek	27	
	7,575	4
Chaouch juif	13	4
Caid eddoukhan	165	4
Changeurs	264	
Frégate et bateau	64	4
Gardien	38	
	8,121	»
Achat de pain	6	6
Prix des boutiques	4	
Ourdian	12	
Droits du port	580	
Crieurs	18	
	8,741	6
Déchargement	852	
	9,593	» *(sic)*

Total du produit.	66,727	1
A déduire.	9,593	»
	57,134	1
Dont moitié.	28,562	» *(sic)*

Nombre des parts : 426.
Montant de chaque part : 67 rial, 9 dirhem.
(Le produit brut est de 75.067 fr. 87 c.)

N° 207. Comptes de la prise faite par Ralioundji, par Otsman raïs, par Draou, par Salah Djidjeli et par Danial. 27 ramdan 1200 (27 juillet 1786).
Produit : 34,681 fr. 57 c.
Chaque part : 5 rial, 4 huitièmes, 20 dirhem.

N° 208. Comptes de la prise de mécréants et de corail faite par El-Hadj Mohammed el-Islami, par Ralioundji, par Otsman, par Draou, par Denial, par le chebec d'El-Hadj Otsman et par le chebec du constructeur de navires. 1200 (1786).
Produit : 6,936 fr. 75 c.
Chaque part : 7 huitièmes de rial et 13 dirhem.

N° 209. Comptes de la prise faite par le chebec du constructeur de navires que commande Hassan raïs. 3 hidja 1200 (30 septembre 1786).
Produit : 9,247 fr. 50 c.
Chaque part : 7 rial, 2 huitièmes et 10 dirhem.

N° 210. Comptes de la prise faite par le raïs Salah et par Rarnaout, capitaine de la barque (chitia) de Sidi Hassan Oukil el-hardj. Hidja 1200 (septembre 1786).
Produit : 9,898 fr. 87 c.
Chaque part : 10 rial, 4 huitièmes, 14 dirhem.
Résumé de l'année 1786 : 6 prises sans nationalité indiquée, d'un produit total de 143,803 fr. 18 c.

N° 211. Comptes d'une prise faite par El-Hadj Mohammed el-Islami avec le chebec du Pacha et vendue à Kalès. 23 rebi 2e 1201 (13 janvier 1787).

Produit : 425 fr. 25 c.

Chaque part : 7 huitièmes, 17 dirhem.

N° 212. Comptes de la prise de planches faite par le chebec d'Ahmed chaouche. 25 redjeb 1201 (13 mai 1787).

Produit : 4,830 fr. 75 c.

Chaque part : 7 rial, 5 huitièmes, 19 dirhem.

N° 213. Comptes de la prise de sucre faite par le raïs Salah. 29 redjeb 1201 (17 mai 1787).

Produit : 23,292 fr.

Chaque part : 22 rial, 5 huitièmes, 19 dirhem.

N° 214. Comptes relatifs à la prise d'un navire chargé de blé, capturé par le raïs Otsman et par le raïs Salah. 3 chaban 1201 (21 mai 1787).

Produit : 7,998 fr. 75 c.

Montant de chaque part : 3 rial, 6 huitièmes.

N° 215. Comptes d'une prise de mécréants faite par le raïs Guelabouli et le raïs El Arbi. 5 chaban 1201 (23 mai 1787).

Produit : 4,678 fr. 87 c.

Chaque part : 2 rial, 6 huitièmes.

N° 216. Comptes de la capture de mécréants faite par trois barques (chitia, saëttes) que commandent le raïs Ali, le raïs El-Arbi et le raïs Ibrahim. 10 chaban 1201 (28 mai 1787).

Produit : 13,672 fr. 12 c.

Chaque part : 5 rial, 16 dirhem

N° 217. Comptes de la capture de tabac faite par le raïs Salah avec la barque de Sidi Hassen. 16 chaban 1201 (3 juin 1787).

Produit : 4,379 fr. 62 c.

Chaque part : 4 rial, 3 huitièmes, 3 dirhem.

N° 218. Comptes de la prise faite par Otsman raïs, par Ibrahim raïs et par le raïs El-Arbi. 2 kada 1201 (16 août 1787).

Produit : 4.881 fr. 37 c.

Chaque part : 1 rial, 4 huitièmes et 5 dirhem.

N° 219. Comptes de la prise de poteries faite par Yakoub raïs avec le chebec de monseigneur Hassan. 27 kada 1201 (10 septembre 1787).

Produit : 10,543 fr. 50 c.

Chaque part : 22 rial et 5 huitièmes.

N° 220. Comptes de la prise faite par la frégate (à rames) de Bou Abd Allah el-Hadj Ali. 27 kada 1201 (10 septembre 1787).

Produit : 2,378 fr. 25 c

Chaque part : 7 rial, 20 dirhem.

Résumé de l'année 1787 : 10 prises sans indication de nationalité, donnant un produit total de 77,080 fr. 48 c.

N° 221. Comptes de la prise d'huile faite par le raïs Yakoub avec la chitia (barque) du kheznadji. 27 ramdan 1202 (1er juillet 1788).

Produit : 90,156 fr. 37 c.

Chaque part : 101 rial, 4 huitièmes, 11 dirhem.

N° 222. Comptes de la prise de blé faite par le raïs Yakoub avec le chebec du kheznadji, notre seigneur. 7 hidjia 1202 (8 septembre 1788).

Produit : 71,423 fr. 75 c.

Chaque part : 145 rial 1 huitième.

N° 223. Comptes de la prise de fer, faite par El-Hadj Sliman avec la barque (chitia) de notre Seigneur le Pacha. 24 hidja 1202 (25 septembre 1788).

Produit : 127,132 fr. 87 c.

Chaque part : 94 rial 4 huitièmes.

Résumé de l'année 1788 : 3 prises sans nationalité indiquée, d'un produit total de 288,712 fr. 99 c.

N° 224. Comptes de la capture de tabac, faite par le rais El-Hadj Sliman avec la barque (chitia) de notre Seigneur le Pacha. 23 djoumada 1er 1203 (février 1789).

Produit : 25,670 fr. 25 c.

Chaque part : 19 rial 4 huitièmes 26 dirhem.

N° 225. Comptes de la prise de sucre, faite par Salah raïs avec la barque (chitia) du beylik. 27 djoumada 1er 1203 (23 février 1789).

Produit : 204,642 fr.

Chaque part : 126 rial 6 huitièmes et 20 dirhem.

N° 226. Comptes de la prise de bois, pour charpente navale et de sel, faite par Yakoub et par le raïs Mohammed ben Zirouan montant la chitia de notre Seigneur. 10 choual 1203 (4 juillet 1789).

Produit : 11,703 fr. 37 c.

Chaque part : 5 rial 6 huitièmes 7 dirhem.

N° 227. Comptes de la prise de vin, faite par Salah raïs avec la barque (chitia) du beylik. 15 choual 1202 (9 juillet 1789).

Produit : 59,929 fr. 87 c.

Chaque part : 36 rial 7 huitièmes 23 dirhem.

N° 228. Comptes de la prise de sucre et de café, faite par la chitia (barque) de notre Seigneur le kheznadji et de l'oukil el-Hardj que commande le raïs Ali Kara Badjak. 17 choual 1203 (11 juillet 1789).

Produit : 141,607 fr. 12 c.

Chaque part : 239 rial 6 huitièmes 3 dirhem.

N° 229. Comptes relatifs à la prise d'un navire napolitain, chargé de douves de barriques et de bois pour charpente navale, capturé par Mohammed raïs ben Zirouan. 24 hidja 1203 (15 septembre 1789).

Produit : 7,873 fr. 87 c.

Chaque part : 37 rial 2 huitièmes.

N° 230. Comptes de la prise d'un navire chargé de douves de barriques et de bois pour charpente navale, capturé par Hassan raïs, montant le petit chebec du kheznadji. 17 moharrem 1204 (7 octobre 1789).

Produit : 11,732 fr. 75 c.

Chaque part : 21 rial 4 huitièmes 9 dirhem.

Résumé de l'année 1789 : 7 prises dont une napolitaine et 6 sans nationalité indiquée, donnant un produit total de 463,159 fr. 23 c.

N° 231. Prise de mécréants napolitains, capturés par le raïs Yakoub, montant la barque (chitia) de notre Seigneur le Khez-nadji (grand trésorier de la régence). Ces fonds ont été envoyés de France et sont parvenus le 27 choual de l'année 1204 (30 juillet 1790).

Produit : 12,754 fr. 12 c.

Chaque part : 15 rial 5 huitièmes.

N° 232. Prise d'un navire chargé de canons de fusils, faite par la frégate (à rames) de Bou Abd Allah, que commande le raïs Mohammed, avec laquelle se trouvait la frégate (à rames) d'El-Borteguil, commandée par le raïs Fidallah. 15 kada de l'année 1204 (27 juillet 1790).

Produit : 21,511 fr. 12 c.

Chaque part : 55 rial.

N° 233. Prise de sel, faite par la frégate (à rames) de Sid Ahmed ben El-Borteguil que commande le raïs Fidallah. 23 hidja 1204 (3 septembre 1790).

Produit : 2,727 fr.

Chaque part : 9 rial 7 huitièmes 4 dirhem.

N° 234. Prise de blé, faite par la frégate (à rames) de Bou Abdallah que commande le raïs Mohammed ben Zirouan. 8 safar 1205 (17 octobre 1790).

Produit : 58,892 fr. 62 c.

Chaque part : 287 rial 3 huitièmes.

Résumé de l'année 1790 : 4 prises dont une napolitaine et 3 sans nationalité indiquée, d'un produit total de 95,884 fr. 86 c.

N° 235. Prise faite par la frégate (à rames) de Sid Ahmed ben Borteguil que commande le raïs Fidallah. Les fonds ont été envoyés de la ville de *Djin Awdan* et sont parvenus le 22 djoumada 1er 1205 (27 janvier 1791).

Produit : 15,187 fr. 50 c.

Chaque part : 78 rial 4 huitièmes.

N° 236. Prise chargée d'huile, capturée par le chebec de Sidi Ali que commande le raïs Mohammed ben Zirouan. 11 choual 1205 (13 juin 1791).

Produit : 98,301 fr. 37 c.

Chaque part : 112 rial 2 huitièmes 7 dirhem.

N° 237. Prise de douves de barriques, faite par le chebec du kheznadji que commande le raïs Mohammed Rarnaout (l'albanais). 19 choual 1205 (21 juin 1791).

Produit : 10,568 fr. 25 c.

Chaque part : 18 rial 3 huitièmes 12 dirhem.

N° 238. Prise faite par le chebec de notre Seigneur le Pacha que commande le raïs Mohammed Rarnaout. 16 hidja 1205 (16 août 1791).

Produit : 2,731 fr. 50 c.

Chaque part : 3 rial 7 huitièmes 4 dirhem.

N° 239. Prise de bois pour charpente navale, faite par le chebec de Sidi Ali, *oukil el-hardj à bab-el-djezira* (ministre de la marine), que commande le raïs Ben Zeurman et par El-Hadj Mohammed Khemiri. Mois de moharrem 1206 (septembre 1791). Le nombre des chrétiens est de 17.

Produit : 31,511 fr. 25 c.

Chaque part : 23 rial 6 huitièmes 8 dirhem.

N° 240. Prise de blé, faite par le chebec de Hassan Pacha que commande le raïs Mohammed Rarnaout. 15 safar 1206 (14 octobre 1791).

Produit : 12,148 fr. 87 c.

Chaque part : 21 rial 4 huitièmes 20 dirhem.

Résumé de l'année 1791 : 6 prises sans nationalité indiquée, donnant un produit total de 463,159 fr. 23 c,

N° 241. Navire chargé d'huile, venant de France et capturé par le chebec de Hassan Pacha, que commande le raïs Mohammed Arnaout. Djoumada 2e 1206 (février 1792).

Produit : 35,474 fr. 62 c.

Chaque part : 61 rial.

N° 242. Prise faite par le raïs Mohammed Rarnaout et vendue en Corse. 16 ramdan 1206 (8 mai 1792).

Produit : 3,334 fr. 50 c.

Chaque part : 1 rial 6 huitièmes 10 dirhem.

N° 243. Prise de soie, faite par Hadj Sliman, par Yakoub, par

Kara Badjak, par Salah Arnaout et par Hassan Koptan (chef d'escadre), en revenant de la flotte (ottomane). 15 kada 1206 (5 juillet 1792).

Produit : 38,995 fr. 87 c.

Chaque part : 5 rial 4 dirhem.

N° 244. Prise d'un chrétien, faite par le chebec du chaouch, que commande le raïs El-Arbi Bellabeladji. 20 kada 1206 (10 juillet 1792).

Produit : 1,275 fr. 75 c.

Chaque part : 1 rial 6 huitièmes 26 dirhem.

N° 245. Prise chargée de tabac, amenée par le chebec de Hassan Pacha, que commande le raïs Mohammed ben Zerman. 20 hidja 1206 (9 août 1792).

Produit : 1,134 fr. 12 c.

Chaque part : 1 rial 1 huitième 26 dirhem.

N° 246. Prise de soie, faite par El-Hadj Sliman, par Yakoub, par Kara Badjak, par Salah et par Hassan Koptan (chef d'escadre, amiral). 30 moharrem 1207 (17 septembre 1792).

Produit : 2,728 fr. 12 d.

Chaque part : 3 rial et 5 huitièmes.

Résumé de l'année 1792 : 6 prises sans nationalité indiquée, d'un produit total de 82,942 fr. 98 c.

N° 247. Prise chargée de tabac amenée par le brik de Hassan Pacha, que commande El-Hadj Mohammed el-Islami. 4 chaban 1207 (17 mars 1793).

Produit : 7,058 fr. 25 c.

Chaque part : 5 rial et 2 huitièmes.

N° 248. Navire hollandais chargé de blé, capturé par la caravelle du beylik, que commande le raïs Yakoub. 6 chaban 1207 (19 mars 1793).

Produit : 93,245 fr. 62 c.

Chaque part : 32 rial, 3 huitièmes, 19 dirhem.

N° 249. Navire hollandais chargé de coton, capturé par le brick de Hassan Pacha que commande le raïs El-Hadj Mohammed el-Islami. 5 ramdan 1207 (16 avril 1793).

	Rial.	
Bandjek.	36.037	3
Déchargement	330	
Capitaine de prise	162	
Aga, chaouch et khodja du détachement. .	36	
Vigie	4	4
	36.569	7
Pesage	211	
Caïd Eddoukhan	407	3
Un chrétien pour les marabouts.	648	
Crieur	450	
Chaouch.	225	
	38.511	2
Chaouch juif.	112	4
Gardien.	198	
Changeurs.	1.090	
Ourdian.	18	
Embarcation et frégate.	42	
	39.971	6
Boutique.	19	
Droits du port.	2.686	
	42.676	6

Total du produit net. . . 308.617 3
Dont moitié . . . . . . 132.970 2 (*sic*)
Nombre des parts : 490.
Montant de chaque part : 271 rial, 2 huitièmes.
(Le produit brut est de 395,204 fr. 62 c.)

No 250. Navire hollandais chargé de coton, capturé par la caravelle du beylik que commande le raïs Ali Kara Badjak. Chaban 1207 (mars 1793).

Produit : 366,114 fr. 37 c.
Chaque part : 219 rial

No 251. Prise de corail et de neuf chrétiens, faite par le chebec de Hassan Pacha et le chebec du Bey de l'ouest, que commandent raïs Indja Mohammed et Kara Youssef. Kada 1207 (juin 1793).

Produit : 10,150 fr. 87 fr.

Chaque part : 7 rial, 4 huitièmes, 12 dirhem.

N° 252. Prise de haricots faite par le brick de Hassan Pacha que commande le raïs El-Hadj Mohammed el Islami. Moharrem 1208 (août 1793).

Produit : 80,309 fr. 25 c.

Montant de chaque part : 66 rial, 4 huitièmes, 11 dirhem.

N° 253. Navire chargé de farine qu'a capturé le chebec de Hassan Pacha et du beylik commandé par le raïs Kara Youssef. Moharrem 1208 (août 1793).

Produit : 8,688 fr. 37 c.

Chaque part : 8 rial, 6 huitièmes, 23 dirhem.

N° 254. Prise d'un chrétien faite par El-Hadj Mohammed el-Islami avec le brick de Hassan Pacha. Moharrem 1208 (août 1793).

Produit : 531 fr.

Chaque part : 3 huitièmes de rial.

N° 255. Navire américain chargé de blé et de farine, capturé par le chebec de Hassan Pacha que commande le raïs Indja Mohammed. 1208 (1793).

Produit : 76,947 fr. 75 c.

Chaque part : 86 rial, 2 huitièmes.

N° 256. Navire gênois chargé de café et de sucre, capturé par la caravelle du beylik et par le brick de Hassan Pacha que commandent le raïs Yakoub et le raïs El-Hadj Mohammed el-Islami. 1208 (1793).

Produit : 84,064 fr. 50 c.

Chaque part : 42 rial, 4 huitièmes, 22 dirhems.

N° 256. bis. Liste des parts des navires de guerre. Mois de djoumada 1er de l'année 1208 (du 5 décembre 1793 au 3 janvier 1794).

Caravelle du beylik, 40. Chitia (barque, saëtte) de Hassan Pacha, 30. Kara Badjak, beylik, 30. Biractar, beylik, 30. Brick de Hassan Pacha, 22. Brick de Hassan Pacha, 22. Chebec du Bey de l'ouest, 14. Chebec du beylik, 22. Polacre de Sliman raïs, 22.

(*Nota.* — Cette liste se trouve à la fin du registre des prises et non à la place que je lui donne ici à cause de sa date. Elle concerne les *grandes parts* ou parts attribuées aux commandants des navires, lesquelles correspondaient, ordinairement, au nombre des canons des bâtiments.)

N° 257. Navire américain chargé de farine, capturé par le brick de Hassan Pacha, que commande le raïs El-Hadj Mohammed el-Islami. Djoumada 1er 1208 (décembre 1793).

Produit : 56,959 fr. 87 c.

Chaque part : 45 rial, 1 huitième, 14 dirhem.

N° 258. Navire américain capturé par cinq navires de guerre du Beylik, dont les capitaines sont : Yakoub, Baïractar, Kara Badjak, Ahmed raïs et El-Hadj Mohammed el-Islami. 18 chrétiens. 1208 (1793).

Produit : 12,126 fr. 37 c.

Chaque part : 1 rial, 4 huitièmes.

N° 259. Navire américain chargé de blé, capturé par le chebec du Beylik, que commande le raïs Ahmed Zmirli. Djoumada 1er 1208 (décembre 1793).

Produit : 106,828 fr. 87 c.

N° 260. Navire génois chargé de tabac, capturé par le brick de Hassan Pacha, que commande le raïs Ali Guelabouli. Djoumada 1er 1208 (décembre 1793).

Produit : 17,481 fr. 37 c.

Chaque part : 9 rial, 2 huitièmes, 20 dirhem.

N° 261. Navire chargé d'huile et de vin, capturé par le brick de Hassan Pacha, que commande le raïs Ahmed Zmirli. Djoumada 1er 1208 (décembre 1793).

Produit : 36,606 fr. 37 c.

Chaque part : 25 rial, 2 huitièmes.

Résumé de l'année 1793 : 15 prises dont 4 américaines, 3 hollandaises, 2 génoises et 6 sans indication de nationalité, donnant un produit total de 1,352,317 fr. 45 c.

N° 262. Navire chargé de laine et de peaux, capturé par les bricks du Beylik, que commandent le raïs Kara Badjak et Baraïctar, Djoumada 2e 1208 (janvier 1794). — Il y a 55 chrétiens américains.

Produit : 685,910 fr. 12 c.

No 263. Navire génois chargé de blé et monté par treize mécréants, capturé par sept navires de guerre dont les capitaines sont : El-Hadj Mohammed el-Islami, Ben Kherrat, Mohammed ben Ali, Guelabouli, Baraïctar, Sliman Khodja et Draou. 1208 (1794).

Produit : 478,067 fr. 62 c.

Chaque part : 46 rial, 6 huitièmes, 13 dirhem.

No 264. Capture amenée par Ramdan, capitaine de la frégate (à rames) du Bey de l'est, et consistant en soixante-seize mécréants. 12 safar 1209 (8 septembre 1794).

Produit : 40,388 fr. 62 c. (531 fr. 42 c. par mécréant).

Résumé de l'année 1794 : 3 prises dont 1 américaine, 1 génoise et 1 de nationalité non indiquée, d'un produit total de 1,204,366 fr. 36 c.

No 265. Le raïs Ali Guelabouli a amené une prise génoise. Comptes relatifs au produit des marchandises qu'elle portait. 20 djoumada 2e 1209 (12 janvier 1795). — Il y a quatorze mécréants. — 625 douros (1).

Produit : 12,556 fr. 12 c.

Chaque part : 8 rial, 2 huitièmes, 26 dirhem.

No 266. Prise d'huile faite par El-Hadj Ibrahim raïs et par Ben Zerman. 10 kada 1209 (29 mai 1795).

Produit : 85,048 fr. 87 c.

Chaque part : 40 rial, 3 huitièmes.

No 267. Prise génoise faite par le raïs Kara Danguezli Mohammed. 21 kada 1209 (9 juin 1795).

Produit : 58,406 fr. 62 c.

Chaque part : 36 rial, 4 huitièmes, 22 dirhem.

---

(1) C'est dans cet article que figure pour la première fois le *Diwan*, ou commission d'amarinage, dont j'ai parlé dans mon introduction.

N° 268. Navire napolitain chargé de blé, capturé par le raïs Kara Danguezli Mohammed. 1210 (1795).

Produit : 72,869 fr. 62 c.

Chaque part : 46 rial, 14 dirhem.

N° 269. L'an mil deux cent dix, le 10 rebi 1er, le raïs Kara Danguezli Mohammed et le raïs Hadj Ibrahim ont pris quatre mécréants qui ont produit une somme de 1,889 rial (2,125 f. 12 c., soit 531 fr. 27 c. pour chaque esclave chrétien).

N° 270. Le raïs Djinou Mohammed et le raïs Mohammed ben Zirouan ont capturé un navire napolitain chargé de sel et un autre navire gênois. 1210 (1795-1796).

Produit : 37,261 fr. 12 c.

Chaque part : 13 rial, 6 huitièmes, 26 dirhem.

N° 271. 1210 (1795-1796). La rédaction du présent est dûe aux motifs suivants. El-Hadj Yakoub Koptan (amiral), Djinou Mohammed raïs et le raïs Ahmed Zmirli ont capturé cinquante-et-un mécréants qui ont été vendus. Ceci est le compte relatif à cette capture.

Produit : 42,131 fr.

Chaque part : 8 rial, 1 huitième, 10 dirhem.

Résumé de l'année 1795 : 8 prises dont 3 gênoises, 2 napolitaines et 3 sans indication de nationalité, donnant un produit total de 310,398 fr. 47 c.

N° 272. Motifs de cette rédaction. L'an mil deux cent dix, le 25 djoumada 2e (6 janvier 1796), Yacoub Koptan (chef d'escadre), Djinou Mohammed raïs et Zmirli Ahmed, raïs, ont capturé un navire chargé de blé qui a été vendu à Tunis. Ceci est le compte relatif à cette prise.

Produit : 32,085 fr.

Chaque part : 5 rial et 26 dirhem.

N° 273. Motifs de cette rédaction. L'an mil deux cent dix, le 25 djoumada 2e (6 janvier 1796), Yakoub Koptan, le raïs Djinou Mohammed et le raïs Ahmed Zmirli, ont capturé un navire chargé de fèves, qui a été vendu à Tunis.

Produit : 5,878 fr. 12 c.

N° 274. L'an mil deux cent dix, le chebec du Bey de l'ouest a capturé un navire gênois chargé de blé, qui a été vendu à Tunis. Ceci est le compte relatif à cette prise (26 juin 1796).

Bandjek	3.699
Capitaine de prise.	107
Déchargement	300
Effets des mécréants.	100
Diwan (commission d'amarinage)	21
Bache-dellal (chef des crieurs) et caïd eddoukhan	249
Crieurs	12
Mesureurs	18
Changeurs	150
Gardiens biskeris	130
	4.786
Chaouch du Bandjek.	48
Chaouch juif	24
Oukil el-hardj	32
Ourdian	9
Boutique.	3
	4.902
Droits du port	365
	5.267
Total du produit net	36.134
Dont moitié	18.067

Nombre des part : 269.
Montant de chaque part : 60 rial, 3 huitièmes.
(Le total du produit brut est de 46,576 fr. 12 c.)

N° 275. Le quinzième jour du mois de safar, le bon, de l'année mil deux cent onze, le raïs Ali Guelabouli et le raïs El-Hadj Mohammed-Ali, ont amené une prise chargée de tabac et de blé, e trenfermant vingt-et-un mécréants. En voici le compte. 15 safar 1211 (20 août 1796).

Produit : 53,975 fr. 25 c.
Chaque part : 20 rial 4 huitièmes.

N° 276. Le vingt-cinquième jour du mois de safar, le bon, de l'année mil deux cent onze, le raïs Ibrahim Griteli, montant le chebec neuf, a pris un navire chargé de blé. Enonciation du produit après prélèvement des dépenses. 25 safar 1211 (30 août 1796).

Produit : 10,901 fr. 25 c.

Chaque part : 9 rial.

N° 277. Le chebec *Kirlankotch* et le chebec de Ben Zirouan ont capturé huit mécréants gênois. Total du produit de la prise, après le prélèvement des dépenses. 15 djoumada 1er 1211 (16 novembre 1796).

Produit : 12,987 fr.

Chaque part : 7 rial.

N° 278. Le petit chebec de notre Seigneur, commandé par le raïs Ben el-Djelbi, a pris neuf mécréants gênois. 15 djoumada 2e de l'année 1211 (16 décembre 1796).

Produit : 5,730 fr. 75 c. (636 fr. 75 c. pour chaque esclave chrétien).

Chaque part : 12 rial.

N° 279. La corvette de notre Seigneur, commandée par le raïs Ali Galabouli et le *Betache* (corvette) du Beylik, commandé par Barnaout Hadji, ont capturé cinquante-deux mécréants vénitiens. Ceci est l'énonciation du produit après défalcation du Bandjek. 15 djoumada 2e 1511 (16 décembre 1796).

Produit : 34,678 fr. 12 c.

Chaque part : 11 rial.

Nota. Cette capture semble être le brick de guerre, de 32 canons, de nationalité non indiquée, mais probablement vénitien, d'après les noms, qui figure à la page 94 de mon *tachrifat*.

Résumé de l'année 1796 : 8 prises, dont 3 gênoises, 1 vénitienne et 4 sans nationalité indiquée, d'un produit total de 202,811 fr. 61 c.

N° 280. Comptes d'une prise de chrétiens, faite par le rais Hamidou avec le navire de notre Seigneur. 18 redjeb 1211 (7 janvier 1797).

Produit : 41,441 fr. 62 c.
Chaque part : 38 rial.

N° 281. Le chebec du Beylik, commandé par le raïs El-Hadj Mohammed Ali a amené un navire chargé de sardines. Total du produit après le prélèvement des dépenses. 10 redjeb 1211 (9 janvier 1797).
Produit : 63,102 fr. 37 c.
Chaque part : 49 rial, 4 huitièmes.

N° 282. Le raïs El-Hadj Yakoub a amené une prise vénitienne chargée de divers objets. Comptes relatifs à son produit après les prélèvements. 2 ramdan 1211 (1er mars 1797).
Produit : 278,514 fr.
Chaque part : 106 rial.

N° 283. Le cutter de notre Seigneur, commandé par le raïs Na'man, a amené une prise gênoise. Montant du produit après le prélèvement du Bandjek et des autres frais. 25 choual 1211 (23 avril 1797).
Produit : 144,128 fr. 25 c.

N° 284. Le raïs Na'man, capitaine du cutter, a amené une prise gênoise. Enonciation du produit des marchandises. 5 kada 1211 (2 mai 1797(.
Produit : 8,016 fr. 75 c.
Chaque part : 9 rial, 4 huitièmes.

N° 285. Le chebec d'armateur, que commande le raïs Kara Youssef, a amené un navire napolitain chargé de planches. 15 moharrem 1212 (10 juillet 1797).
Produit : 3,375 fr.
Chaque part :3 rial 7 huitièmes.

N° 286. Le chebec de notre Seigneur, appelé *Kirlankotch*, a amené deux prises napolitaines chargées de sel. Détail des dépenses à prélever et répartition. 18 moharrem 1212 (13 juillet 1797).
Produit : 5,258 fr. 25 c.
Chaque part : 6 rial 1 huitième.

N° 287. La corvette de notre Seigneur, commandée par le raïs

Hamidou (1), a capturé un navire gênois chargé de terre à savon (soude?). 22 moharrem 1212 (17 juillet 1797).

Produit : 19,045 fr. 12 c.

Chaque part : 11 rial 5 huitièmes et 14 dirhem.

N° 288. La corvette commandée par le raïs Ali, le chebec du beylik, commandé par le raïs El-Hadj Mohammed et le chebec d'El-Hadj Ali que commande le raïs Kara Youssef, ont capturé un navire génois chargé de fer, qui a été vendu en France, d'où son produit a été envoyé à Alger. Prélèvement de frais et répartition. 10 safar 1212 (4 août 1797).

Produit : 6,005 fr. 25 c.

Chaque part : 1 rial 5 huitièmes 4 dirhem.

N° 289. Le chebec *Kirlankotch*, commandé par le raïs Youssef et le chebec d'Osta Bachi, commandé par le raïs Sliman, ont capturé deux navires napolitains chargés de bois de construction navale. 1212 (1797).

Produit : 5,386 fr. 50 c.

Chaque part : 3 rial, 1 huitième, 14 dirhem.

N° 290. Le (chebec) *Kirlankotch* (poupe brisée), commandé par le raïs Youssef, a capturé dix mécréants gênois. Prélèvement des frais et répartition. 1212 (1797).

Produit non indiqué (2,871 fr., d'après le montant du bandjek).

N° 291. Le chebec commandé par le raïs... a capturé un navire napolitain chargé de bois. Prélèvements et répartition. 3 djoumada 1er de l'année 1212 (24 octobre 1797).

Produit non indiqué (ce serait 5,976 fr., d'après le montant du prélèvement fait à titre de bandjek, lequel était ordinairement d'un huitième).

N° 292. Le chebec du Beylik, commandé par le raïs Kourd Hadji, a capturé un navire napolitain chargé de planches. Prélèvement et répartition. Djoumada 2e de l'année 1212 (décembre 1797).

---

(1) Au sujet de ce corsaire, le plus célèbre de la marine algérienne consulter la biographie que j'ai publiée en 1859. Alger, Dubos. 1 vol. in.-12.

Produit : 3,690 fr.

Chaque part : 3 rial et 18 dirhem.

N° 293. La corvette du Koptan (amiral) Hamidou raïs et le cutter de notre Seigneur, commandé par le raïs Tchelbi, ont capturé un navire vénitien chargé de drap, un navire livournais et deux navires napolitains chargés de blé, qui ont été vendus à Tunis, d'où leur produit a été envoyé. Prélèvements et répartition. Est compris dans les comptes le prix des mécréants, dont le nombre est de vingt-huit. 15 djoumada 2e de l'année 1212 (5 décembre 1797).

Produit : 433,036 fr. 12 c.

Chaque part : 171 rial et 4 huitièmes.

N° 294. La *Betache* (corvette) que commande le raïs Kara Danguezli et le chebec du Beylik, commandé par le raïs Kourd Hadji, ont capturé neuf mécréants, de la monnaie et des doublons sur un navire napolitain. 20 djoumada 2e de l'année 1212 (10 décembre 1797).

Produit : 14,056 fr. 87 c.

Chaque part : 5 rial, 2 huitièmes, 14 dirhem.

N° 295. Le (chebec) *Kirlankotch*, de notre Seigneur, commandé par le raïs Alouach, a capturé deux navires espagnols chargés de sucre, de cacao et de coton. Prélèvements et répartition, 1er redjeb 1212 (20 décembre 1797).

Produit : 260,366 fr. 62 c.

Chaque part : 348 rial, 5 huitièmes.

Résumé de l'année 1797 : 22 prises dont 10 napolitaines, 5 gênoises, 2 vénitiennes, 2 espagnoles, 1 toscane et 2 sans nationalité indiquée, donnant un produit total de 1,294,269 fr. 72 c.

N° 296. La corvette du raïs Hamidou et le cutter de notre Seigneur, commandé par le raïs Tchelbi, ont capturé un navire napolitain chargé de sel, de sardines et de citrons, qui a été vendu à Tunis, d'où son produit est parvenu dans notre ville. Le prix du navire s'élève à 6,652 (rial) 4 (huitièmes). Prélèvements et répartition. 15 redjeb 1212 (3 janvier 1798).

Produit : 7,483 fr. 50 c.

Chaque part : 2 rial, 7 huitièmes.

N° 297. Le chebec du raïs Na'man a capturé un navire espagnol chargé de sucre et de cacao. Prélèvements et répartition. 29 chaban 1212 (16 février 1798).

Bandjek : sucre blanc, 3,960 quintaux, 144.

Bandjek : sucre rouge (cassonade), 4,865 quintaux, 108,4.

Produit : 161,485 fr. 87 c.

N° 298. La *Batache* (corvette) du Beylik, que commande le raïs Kara Danguezli, a capturé une chaloupe canonnière espagnole. Prélèvements et répartition. Cha'ban 1212 (février 1798).

Produit : 1,482 fr. 75 c.

Chaque part : 6 huitièmes de rial et 14 dirhem.

N° 299. Le chebec de Ben Zerzou, commandé par le raïs Hassan, a capturé deux barques espagnoles chargées de sardines, une barque génoise chargée de planches et de raisins et une barque vide. 25 chaban 1212 (12 février 1798).

Produit : 31,714 fr. 87 c.

Chaque part : 41 rial et 1 huitième.

N° 300. Capture de Ben Zerzou. Partage des menus objets provenant du pillage.

Produit : 2,169 fr.

N° 301. La *Betache* (corvette) commandée par le raïs Kara Dauguezli et le cutter commandé par le raïs Tchelbi, ont capturé quatre navires espagnols, chargés, l'un de vin, de savon et de papier, un autre de spartes et les deux autres de sardines et de thons. Prélèvements et répartition. 12 ramdan 1212 (28 février 1798).

Produit : 91,499 fr. 61 c.

Chaque part : 33 rial, 6 huitièmes, 14 dirhem.

N° 302. Le chebec du Beylik, commandé par El-Hadj Yakoub, a pris deux navires espagnols chargés de sardines et de thons. Prélèvements et répartition. 18 ramdan 1212 (6 mars 1798).

Produit : 39,216 fr. 37 c.

Chaque part . 31 rial, 3 huitièmes.

N° 303. Le chebec de Ben Zerzou, commandé par le raïs

Hassan, a capturé quatre mécréants génois. Partage de cette prise après le prélèvement des frais.

Produit : 2,547 fr. (soit 636 fr. 75 c. pour chaque esclave chrétien).

Chaque part : 3 rial, 6 huitièmes, 24 dirhem.

N° 304. Le cutter du raïs Tchelbi a pris un navire gênois chargé de caroubes et monté par cinq mécréants. Prélèvements et répartition. 2 moharrem 1213 (16 juin 1798).

Produit : 7,165 fr. 12 c.

Chaque part : 8 rial et 21 dirhem.

N° 305. La frégate (1) d'El-Hadj Yacoub, la corvette du raïs Hamidou, la *Betache* (corvette) du raïs Kara Danguezli, le chebec du raïs Mohammed ou Ali et la barque (chitia) du raïs Tsakirdarli, ont pris un navire napolitain, chargé de bois à brûler. Il y a dix mécréants. Prélèvements et répartition. 15 moharrem 1213 (29 juin 1798).

Produit : 12,699 fr,

Chaque part : 1 rial, 6 huitièmes et 9 dirhem.

N° 306. La frégate d'El-Hadj Yacoub, la corvette du raïs Hamidou, la *Betache* (corvette) du raïs Kara Danguezli et le chebec de Mohammed-ou-Ali, ont pris deux navires napolitains chargés de blé, de haricots, de tabac, de verre, de planches et d'autres objets. Prélèvements et répartition.

Produit : 126,506 fr. 25 c.

Chaque part : 19 rial, 6 huitièmes et 11 dirhem.

N° 307. La frégate d'El-Hadj Yakoub, la corvette du raïs Hamidou, la *Betache* (corvette) du raïs Kara Danguezli, la barque (chitia) de Tsakirdarli, le chebec de Mohammed-ou-Ali et le chebec de Na'man, ont pris un navire napolitain chargé de blé. Prélèvements et répartition. 20 safar 1213 (3 août 1798).

Produit : 1,964 fr. 25 c.

Chaque part : 1 huitième de rial et 14 dirhem.

---

(1) Il s'agit ici, non du petit navire à rames, mais bien du grand bâtiment à voiles carrées, portant une quarantaine de canons répart dans deux batteries, dont l'une couverte. Cette frégate moderne est pre-mière qu'aient possédée les Algériens.

N° 308. Le chebec de Ben Zerzou, commandé par le raïs Hassan, a pris deux navires napolitains chargés, l'un de sel, et l'autre de spiritueux. Prélèvements et répartition. 25 safar 1213 (8 août 1798).

Produit : 11,250 fr.

Chaque part : 13 rial, 6 huitièmes, 19 dirhem.

N° 309. Le chebec du Beylik, que commande le raïs Alouach, a pris un navire vénitien chargé de blé. Prélèvement et répartition. 1er rebi 1er de l'année 1213 (13 août 1798).

Produit : 11,761 fr. 87 c.

N° 310. La corvette du raïs Hamidou, et le chebec *Kirlankotch*, commandé par le raïs Alouach, ont amariné un navire gênois chargé de drap, de calottes (chachias), de peaux, de chandeliers et d'autres objets. Prélèvements et répartition. 11 rebi 1er 1213 (23 août 1798).

Produit : 57,864 fr. 37 c.

Chaque part : 24 rial, 5 huitièmes, 20 dirhem.

N° 311. La frégate d'El-Hadj Yakoub, le chebec de Mohammed ou-Ali, le chebec de Na'man et le chebec du raïs Hadj Sliman, ont capturé un navire grec chargé de blé. Prélèvements et répartition. 25 rebi 1er de l'année 1213 (6 septembre 1798).

Produit : 7,170 fr.

Chaque part : 1 rial, 2 huitièmes et 36 dirhem.

N° 312. La frégate d'El-Hadj Yakoub, le chebec du raïs Na'man, le chebec du raïs Hadj Sliman, le chebec du raïs Mohammed-ou-Ali et la goëlette du raïs Sliman ont pris un navire grec portant du numéraire. Prélèvements et répartition. 25 rebi 2e 1213 (6 octobre 1798).

Produit : 202,583 fr. 25.

Chaque part : 31 rial, 4 huitièmes.

N° 313. La galiote du Beylik, commandée par le raïs Otsman, a capturé un navire grec chargé de blé (1). 25 rebi 2e de l'année 1213 (6 octobre 1798).

---

(1) Les corsaires algériens ont plusieurs fois capturé des navires ap-

Produit : 10,332 fr.

Chaque part : 20 rial, 5 huitièmes.

N° 314. Le chebec de Zerzou, commandé par le raïs Hassan, a pris un navire grec chargé de vin, qui a été vendu. Il y avait du numéraire formant un total de 360 douros. Prélèvements et répartitions. 8 djoumada 1er de l'année 1213 (18 octobre 1798).

Produit : 12,794 fr. 62 c.

Chaque part : 16 rial, 6 huitièmes.

N° 315. Le chebec d'El Hadj Ali, commandé par le raïs Dahman, a pris deux navires espagnols chargés d'eau-de-vie et de vin, qui ont été vendus à Gibraltar, d'où a été envoyé leur produit, s'élevant à huit mille cent quarante-quatre douros. Prélèvements et répartitions.

Produit : 39,217 fr. 50 c.

N° 316. Le chebec *Kirlankotch,* commandé par le raïs Alouach, a pris un navire grec chargé de blé. Prélèvements et répartition. 9 redjeb 1213 (15 décembre 1798).

Produit : 17,387 fr. 87 c.

Chaque part : 20 rial, 5 huitièmes.

N° 317. La frégate d'El Hadj Yakoub, la polacre d'Ahmed raïs, la *Batache* (corvette) de Kara Danguezli, la corvette du raïs Hamidou, le chebec de Hadj Sliman, le chebec du raïs Na'man et le chebec du raïs Mustapha (1) ont pris huit navires grecs chargés de blé, de papier, de savon et d'eau-de-vie.

Prélèvements et répartition. 4 redjeb 1213 (12 décembre 1798).

	Rial.
Bandjek . . . . (*A reporter*).	57.865 6

---

partenant à des sujets de la Sublime-Porte. Ces actes de rébellion, blâmés énergiquement par la Turquie, faillirent amener la guerre entre cette puissance et sa vassale peu soumise.

(1) Ces noms sont ceux des commandants et non ceux des propriétaires des navires. Je le fais remarquer une fois pour toutes. A cette époque déjà, la plupart des bâtiments de course appartenaient au Beylik. Quand il s'agit d'un corsaire d'armateur, on désigne à la fois le nom du propriétaire et celui du capitaine.

Report.	57.865 6
Huit équipages de prises	603 3
Déchargement.	1.000
Diwan.	84
Ourdian	27
Frégate	43
	59.623 1
Changeurs	1.620
Chaouch du Bandjek.	288
Chaouch juif	144
Vigies.	18
Boutiques	21
Peseur.	150
	61.864 1
Droits du port	4.000
	65.864 1

Produit net. 397.062
Dont moitié 198.531
Nombre des parts : 3,879
Montant de chaque part : 51 rial.
(Le produit brut est de 520,791 fr. 75 c.)

N° 318. La frégate d'El-Hadj Yakoub, la polacre du raïs Ahmed et autres (navires), en tout sept bâtiments, ont capturé diverses marchandises, dont la répartition suit. 29 redjeb de l'année 1213.

Produit : 100.607 fr. 62 c.
Chaque part : 9 rial, 5 huitièmes.

N° 319. Le chebec d'El Hadj Ali, commandé par le raïs Ahmed el Haddad (le forgeron), a pris un navire napolitain chargé de planches. Prélèvements et répartition. 20 redjeb 1213 (28 décembre 1798).

Produit : 1,264 fr. 50 c.
Chaque part : 1 rial, 2 huitièmes.

Nº 320. La goëlette du raïs Sliman a pris un navire napolitain chargé d'amandes et de raisins. Prélèvements et répartition. 22 redjeb 1213 (30 décembre 1798).
Produit : 31,569 fr. 75 c.
Chaque part : 37 rial, 6 huitièmes.

Résumé de l'année 1798 : 42 prises dont 12 espagnoles (y compris un navire de guerre), 9 napolitaines, 4 gênoises, 1 vénitienne, 13 grecques et 3 sans nationalité indiquée, donnant un produit total de 1,510,528 fr. 69 c.

Nº 321. Le chebec du raïs Ali Lamiali a trouvé en mer un navire abandonné, chargé d'huile et de fèves, qu'il a amené ici. Il y a également trois mécréants français provenant de sa prise suédoise. Produit du tout, prélèvement du Bandjek et des dépenses et répartition. 29 choual 1213 (5 avril 1799).
Produit : 7,068 fr. 37 c.
Chaque part : 6 rial.

Nº 322. Le chebec d'El Hadj Sliman raïs a capturé six mécréants napolitains, 167 douros et 13 quarts de doublons. Prélèvement et répartition. 16 hidja 1213 (21 mai 1799).
Produit : 5,214 fr. 37 c.
Chaque part : 4 rial, 4 huitièmes.

Nº 323. La polacre du raïs Tchelbi a capturé un navire grec sur lequel se trouvaient deux Grecs, deux mécréants français et douze mécréantes. La vente a eu lieu. Prélèvements et répartition. 25 hidja 1213 (30 mai 1799).
Produit : 190,221 fr. 75 c.
Chaque part : 207 rial, 7 huitièmes.

Nº 324. Le raïs Hamidou a capturé un chebec napolitain chargé de farine et de pois et monté par neuf mécréants. La vente a eu lieu. Prélèvement du Bandjek et des dépenses et répartition. 5 moharrem 1214 (9 juin 1799).
Produit : 8,111 fr. 25 c.
Chaque part : 8 rial, 5 huitièmes, 12 dirhem.

Nº 325. Le brick de Kara Dangnezli, le chebec de Mustapha

raïs et la polacre du raïs Na'man ont capturé six mécréants et une certaine quantité de tabac. Prélèvements et répartition. 5 moharrem 1214 (9 juin 1799).

Produit : 4,357 fr. 12 c.

Chaque part : 1 rial, 3 huitièmes, 23 dirhem.

N° 326. Le chebec du raïs Mustapha a trouvé en mer huit barriques qu'il a recueillies et apportées dans cette ville, où elles ont été vendues. Prélèvements et répartition. 5 moharrem 1214 (9 juin 1799).

Produit : 3,763 fr. 12 c.

Chaque part : 3 rial, 5 huitièmes, 18 dirhem.

N° 327. La frégate d'El Hadj Yakoub a capturé un navire prussien monté par vingt-deux mécréants, plus deux femmes mécréantes, et chargé d'huile et de sel. Prélèvements et répartition. 15 moharrem 1214 (19 juin 1799).

Produit : 29,136 fr. 37 c.

Chaque part : 20 rial.

N° 328. Le brick du raïs Kara Danguezli a capturé un navire vénitien monté par douze mécréants et chargé de raisins secs. La vente a eu lieu. Prélèvements et répartition. 17 rebi 1er de l'année 1214 (19 août 1799).

Produit : 32,185 fr. 12 c.

Chaque part : 27 rial.

N° 329. Le chebec du raïs Alouach a capturé une chitia (barque, saëtte) américaine dépourvue de passeport, renfermant cinq mécréants et chargée de vin. Cette cargaison a été vendue dans cette ville et ceci est la répartition de son produit. 21 rebi 1er de l'année 1214 (23 août 1799).

Note marginale. — Les cinq mécréants, lesquels appartiennent aux nations napolitaine et génoise, ont été retenus prisonniers. Quant au capitaine, il a reçu la somme de six cent-cinquante rials (731 fr. 25 c.) pour le nolisement de son navire (1). C'est une chose connue.

(1) C'est-à-dire que le capitaine a reçu une indemnité pour son voyage

Produit : 10,564 fr. 87 c.

Chaque part : 12 rial, 1 huitième.

N° 330. La polacre du raïs Hamidou a capturé trois navires naploitains chargés de sel et montés par quarante-trois mécréants. Ceci est le compte relatif à la vente de cette prise, au prélèvement du Bandjek et des dépenses, et à la répartition du produit net. 28 rebi 1er de l'année 1214 (30 août 1799).

Produit : 47,753 fr.

Chaque part : 42 rial, 5 huitièmes.

N° 331. Le chebec du Beylik, que commande le raïs Ben Tabak a pris un navire de guerre portugais, sur lequel ont été faits prisonniers soixante-dix-neuf mécréants. Le premier (homme qui est monté à l'abordage) a reçu un mécréant, et le deuxième et le troisième du numéraire. Un autre mécréant a été donné à Sidi Abderrahman Etta'lbi (1). Prélèvement du Bandjek et des dépenses et répartition. 28 rebi 1er 1214 (30 août 1799).

Bandjek	511	
Equipage de prise	86	1
Caïd eddoukhan	957	
Diwan	9	
Changeurs	194	
Chaouch du Bandjek	40	
Chaouch juif	20	
Crieurs	9	
Vigie	4	4
Ourdian	9	
Boutiques	3	
	471	
	2.313	5

Prime d'abordage du premier : un mécréant.

Prime d'abordage du second : 200 saïma.

---

forcé à Alger, où il a été débarrassé de ses passagers et de son chargement, lequel provenait de pays ennemi.

(1) Saint célèbre dont le tombeau se trouve près de la porte du Ruisseau ou Bab-el-Oued, à Alger.

Prime d'abordage du troisième : 100 saïma.

Montant du produit net. 46.662 5

Dont moitié. 23.331 2 14

Nombre des parts : 493 4.

(Le produit brut est de : 55,096 fr. 87 c.)

N° 332. El Hadj Mohammed ben Tabak, commandant du chebec du Beylik, a pris un navire de guerre portugais, sur lequel ont été faits prisonniers soixante-six mécréants, et qu'il a amené dans cette ville. La vente a eu lieu. Prélèvement du Bandjek et des dépenses et répartition. 28 rebi 1er de l'année 1214 (30 août 1799).

Produit : 46,269 fr.

Montant de chaque part : 40 rial.

N° 333. Le raïs Na'man, le raïs Tchelbi et le raïs Ben Zeurman ont pris cinq navires dont un est vide, et quatre chargés, l'un de coton, le second de cupules de glands, le troisième de fromages et le quatrième d'orge. Ils renfermaient ensemble quatre-vingt-six mécréants vénitiens et maltais. Compte relatif à la vente de cette prise, au prélèvement du Bandjek et des dépenses et à la répartition. 15 djoumada 2e de l'année 1214 (14 novembre 1799).

Produit : 367,782 fr. 65 c.

Montant de chaque part : 99 rial et 3 dirhem.

N° 334. La frégate du raïs Kara Badjak, le raïs Hadj Sliman et le raïs Mustapha Rarnaout ont pris cinq navires sur lesquels se trouvaient soixante et onze mécréants vénitiens et chargés : l'un de laine et d'amandes, le deuxième de cupules de glands, le troisième de terre à savon napolitaine, d'amandes et d'effets divers, et le quatrième de terre à savon, également ; le dernier était vide. Compte relatif à la vente, au prélèvement du Bandjek et des dépenses et à la répartition des parts de prise, 7 djoumada 2e de l'année 1214 (6 novembre 1799).

Produit : 329,429 fr. 25 c.

Montant de chaque part : 78 rial, 4 dirhem.

N° 335. Le chebec de l'armateur Ben Zerzou, que commande-

le raïs Ali, a pris un navire vénitien chargé de raisins secs et renfermant seize mécréants. Cette prise ayant été vendue dans notre ville, ceci est le compte relatif au prélèvement du Bandjek et des dépenses, et à la répartition des parts de prise. 15 djoumada 2e de l'année 1214 (14 novembre 1799),

Produit : 78,984 fr.

Montant de chaque part : 110 rial, 5 huitièmes.

N° 336. La petite goëlette commandée par le raïs Sliman a pris un navire vénitien chargé de laine et de cupules de glands, Cette prise a été vendue dans notre ville et ceci est le compte relatif au prélèvement du Bandjek et des dépenses, ainsi qu'à la répartition des parts de prise. 15 djoumada 2e de l'année 1214 (14 novembre 1799).

Produit : 228,893 fr, 62 c.

Montant de chaque part : 309 rial.

N° 337. Le (chebec) *Kirlankotch* commandé par le raïs Alouach, a capturé un navire vénitien chargé de terre à savon, sur lequel se trouvaient dix mécréants vénitiens. Cette prise a été vendue dans notre ville, et ceci est le compte relatif au prélèvement du Bandjek et des dépenses, ainsi qu'à la répartition des parts de prise. 20 djoumada 2e de l'année 1214 (19 novembre 1799).

Produit : 14,927 fr. 62 c.

Montant de chaque part : 18 rial, 4 dirhem.

N° 338. La goëlette du raïs Hadj Rarnaout et la goëlette du raïs Draou, ont capturé vingt-sept mécréants, un navire napolitain chargé de blé, et une barque maltaise portant une certaine quantité d'éponges. Cette prise a été vendue ici et ceci est le compte relatif au prélèvement du Bandjek et des frais, ainsi qu'à la répartition des parts de prise. 10 redjeb 1214 (8 décembre 1799).

Produit : 39,967 fr. 87 c.

Montant de chaque part : 25 rial.

N° 339. La polacre de notre Seigneur, commandée par le raïs Tchelbi, a amariné un navire vénitien chargé de raisins secs, sur lequel se trouvaient dix mécréants vénitiens. Cette prise a été vendue dans notre ville, et ceci est le compte relatif au prélèvement du Bandjek et des frais, ainsi qu'à la répartition des parts de prise. 20 redjeb 1214 (18 décembre 1799).

Produit : 83,756 fr. 25 c.

Montant de chaque part : 73 rial, 7 huitièmes.

Résumé de l'année 1799 : 31 prises, savoir : 16 vénitiennes, 5 napolitaines, 2 portugaises (navires de guerre), 1 suédoise, 1 grecque, 1 prussienne, 1 américaine, 1 maltaise, et 3 sans nationalité indiquée, donnant un produit total de 1,583,482 f. 47 c.

N° 340. Le raïs Hamidou a pris deux navires napolitains chargés de blé et renfermant cinquante mécréants. Ceci est le compte relatif à la vente, au prélèvement du Bandjek et des frais, et à la répartition des parts de prise. 5 cha'ban 1214 (2 janvier 1800).

Produit : 68,397 fr. 75 c.

Montant de chaque part : 59 rial, 7 dirhem.

N° 341. La polacre du raïs Na'man et la polacre du raïs Hassan ont pris un navire napolitain vide, sur lequel étaient deux chaises. Ceci est le compte relatif au produit de la vente, au prélèvement du Bandjek et des frais, et à la répartition des parts de prise. 10 chaban de l'année 1214 (15 janvier 1800).

Produit : 1,686 fr. 37 c.

N° 342. Le chebec appartenant à son armateur le Kheznadar et commandé par le raïs Abbas, a pris un navire napolitain chargé de fèves et sur lequel se trouvaient dix mécréants. Cette prise a été vendue à Tunis, savoir : deux mille douros les fèves, et onze cent cinquante-huit douros le navire. Ces sommes ont été envoyées ici et ceci est le compte relatif au prélèvement du Bandjek et des dépenses et à la répartition des parts de prise. 25 chaban 1214 (22 janvier 1800).

Produit : 17,794 fr. 25 c.

Montant de chaque part : 20 rial, 4 dirhem.

N° 343. Le chebec du Beylik, que commande le raïs Ahmed, a capturé un navire vénitien chargé de planches, de verre et de cire, et trois navires napolitains chargés de blé, dont deux ont été vendus dans cette ville et un à Tunis. Compte relatif au prélèvement du Bandjek et des dépenses, et à la répartition des parts de prise. 22 ramdan 1214 (17 février 1800).

Produit : 104,519 fr. 25 c.

Montant de chaque part : 77 rial, 5 huitièmes, 14 dirhem.

N° 344. La frégate du raïs Mohammed, le chebec du raïs El Hadj Sliman, le chebec du raïs Sliman, la polacre du raïs Ben Zerman, la polacre du raïs Hassan, le chebec du raïs Ahmed, le chebec du raïs Abbas et la polacre du raïs Tchelbi ont capturé quatre navires napolitains chargés de blé et deux autres vides. Ces bâtiments ont été vendus à Tunis et leur prix a été envoyé ici. Ceci est le compte relatif à la vente, au prélèvement du Bandjek et des dépenses, et à la répartition des parts de prise. 18 safar 1215 (11 juillet 1800).

Produit : 186,456 fr. 37 c.

Montant de chaque part : 19 rial, 12 dirhem.

N° 345. La polacre du raïs Na'man a capturé un navire napolitain chargé de blé, qui a été vendu à Tripoli et dont le produit a été envoyé ici. Ceci est la répartition des parts de prise, après prélèvement du Bandjek et des dépenses. 17 rebi' 1er de l'année 1215 (8 août 1800).

Produit : 36,741 fr. 37 c.

Montant de chaque part : 25 rial, 2 huitièmes, 6 dirhem.

N° 346. La polacre du raïs Hassan a capturé un navire napolitain chargé de blé, qui a été vendu à Tripoli et dont le produit a été envoyé ici. Ceci est la répartition des parts de prise après le prélèvement du Bandjek et des dépenses. 18 rebi 1er de l'année 1215 (9 août 1800).

Produit : 24,478 fr. 87 c.

Montant de chaque part : 22 rial, 5 huitièmes, 18 dirhem.

N° 347. La goëlette d'El Hadj Rarnaout a capturé un navir napolitain chargé d'orge, qui a été vendu à Tripoli, et dont produit a été envoyé ici. Ceci est la répartition des parts d prise, après prélèvement du Bandjek et des dépenses. 18 rebi 1e de l'année 1215 (9 août 1800).

Produit : 15,514 fr. 87 c.
Montant de chaque part : 17 rial, 21 dirhem.

N° 348. La polacre du raïs Ben Zerman, la polacre du raïs Hamidou, le chebec du raïs Hassan, le brick du raïs Hassan et le chebec du raïs Abbas ont pris un navire napolitain chargé d'huile qui a été vendu dans cette ville. Répartition des parts de prise après le prélèvement du Bandjek et des dépenses. 18 djoumada 2e 1215 (6 novembre 1800).
Produit : 63,171 fr.
Montant de chaque part : 10 rial, 3 huitièmes, 10 dirhem.

N° 349. La frégate d'El-Hadj Sliman et le brick du rais Hassan ont pris et apporté dans cette ville dix-huit mécréants, cinq sacs de laine et cent cinquante-trois douros et demi. La vente a eu lieu ici. Ceci est la répartition des parts de prise, après le prélèvement du Bandjek et des dépenses. 22 redjeb 1215 (9 décembre 1800).
Produit : 14,814 fr.
Montant de chaque part : 5 rial, 3 huitièmes, 16 dirhem.

Résumé de l'année 1800 : 19 prises, savoir : 17 napolitaines 1 vénitienne et 1 sans nationalité indiquée, donnant un produit total de 523,574 fr. 10 c.

N° 350. Le chebec *Kirlankotch*, commandé par le raïs Kara Youssef, a pris un navire napolitain chargé d'orge, de lentilles et d'huile, qui a été vendu à Tunis et dont le produit a été envoyé ici par les soins du juif Boudjenah. Le bordereau qui nous a été transmis mentionnait quatorze mille boudjous, et cette somme est parvenue entre nos mains. Ceci est la répartition des parts de prise, après le prélèvement du Bandjek et des dépenses. 21 chaban 1215 (7 janvier 1801).
Produit : 36.000 fr.
Montant de chaque part : 49 rial, 5 huitièmes.

N° 351. La frégate (à rames) du Bey de l'Est a capturé neuf mécréants et trente livres de corail, qui ont été apportés dans cette ville où la vente a eu lieu. Répartition des parts de prise après le prélèvement du Bandjek et des frais. 20 ramdan 1215 (4 février 1801).

Produit : 6,465 fr. 37 c.

Montant de chaque part : 29 rial, 1 huitième.

N° 352. La frégate d'El Hadj Sliman, le brick du raïs Hassan et le chebec du raïs Mustapha ont pris deux navires napolitains chargés l'un de blé et l'autre d'huile, d'amandes, de macaroni, de graines de lin et de divers objets. Ces prises ont été vendues à Tunis, d'où le produit a été envoyé ici. Ceci est la répartition des parts de prise, après le prélèvement du Bandjek et des dépenses.

Produit : 297,853 fr. 87 c.

Montant de chaque part : 39 rial.

Résumé de l'année 1801 : 4 prises, dont 3 napolitaines et 1 sans nationalité indiquée, d'un produit total de 340,318 fr.

N° 353. La frégate du raïs Hamidou a pris un chebec napolitain chargé d'huile, de mille (écus) vénitiens d'or, et de trente et un mécréants, ce qui a tout été apporté ici, où la vente a eu lieu. Ceci est la répartition des parts de prise, après le prélèvement du Bandjek et des dépenses. 16 ramdan 1216 (26 janvier 1802).

Produit : 35,982 fr. 02 c.

892 parts, s'élevant chacune à 16 rial, 5 huitièmes.

N° 354. Le chebec du Beylik, commandé par le raïs Sliman, a capturé neuf mécréants napolitains et 424 rial draham serar, monnaie d'Alger. Prélèvement du Bandjek et des dépenses. 26 ramdan 1216 (15 février 1802).

Produit : 6,078 fr. 37 c.

653 parts et demie, s'élevant chacune à 4 rial.

N° 355. La polacre du raïs Ben Zeurman a pris un navire napolitain chargé de blé, qui a été vendu à Tunis et dont le produit, s'élevant à 5,703.6 a été envoyé ici. Répartition des parts de prise après le prélèvement du Bandjek et des dépenses. 18 choual 1216 (21 février 1802).

Produit : 8,275 fr. 50 c.

556 parts, s'élevant chacune à 4 rial, 3 huitièmes et 8 dirhem.

N° 356. Le brick du raïs Hassan a capturé un naviro napolitain chargé d'huile qui a été vendu à *Alounia*, d'où a été envoyé son produit s'élevant à douze cent treize (écus) vénitiens d'or. Quarante (écus) vénitiens et vingt-neuf douros avaient été distribués à l'équipage par le raïs Hassan. Un règlement des comptes a eu lieu dans notre ville. Il a été reconnu que le capitaine est comptable de 11 (écus) vénitiens d'or, savoir : 7 pour moutons, 3 pour riz et 1 pour figues. Ce règlement de comptes a eu lieu entre le Bandjek et le capitaine, et il est inscrit ici afin qu'on n'en ignore. Répartition après prélèvement du Bandjek et des dépenses.

Produit : 21,857 fr. 62 c.

434 parts, s'élevant chacune à 20 rial, 3 huitièmes et 3 dirhem.

N° 357. La frégate de notre Seigneur le raïs Hamidou a pris un navire de guerre portugais, armé de quarante-quatre canons, sur lequel ont été faits prisonniers deux cent quatre-vingt-deux mécréants. Dix mécréants ont été distribués comme primes d'abordage, deux mécréants ont été offerts en cadeau au Pacha et un autre mécréant a été donné à Sidi Abd-Errahman Etta'lbi (1) ; il en est resté 269. Le Palais a envoyé le prix de cette capture (2) et aussitôt cette somme a été distribuée à l'équipage. Ceci est la répartition faite après le prélèvement du Bandjek. 25 moharrem 1217 (27 mai 1802).

	Rial.	Huit.
Bandjek	1721	4
Capitaine de prise.	215	4
A reporter...	1937	

(1) Marabout célèbre dont la chapelle était près de la porte du Ruisseau.

(2) C'est-à-dire le prix des prisonniers, lesquels avaient été achetés par l'Etat.

Report.	1937	
Gardiens.	32	
Caïd eddoukhan.	3385	
Crieurs	72	
	5426	»
Diwan.	12	
Chaouch (musulman).	100	
Chaouch (juif)	50	
Vigies.	4	4
Changeurs	683	
Embarcation	6	
Ourdian	10	
Boutiques.	3	
Déchargement.	110	
	6404	4

Après le prélèvement du Bandjek et des dépenses, le produit s'élève à. . . . . 166,246 rial.

Dont moitié. . . . . 83,123.

Nombre des parts : 804. 4.

Montant de chaque part : 103 (rial), 2 (huitièmes).

(Le montant brut est de 172,650 rial, soit 194,231 fr. 25 c., ce qui donne un prix moyen de 722 fr. 04 c. pour chaque esclave chrétien. Cette frégate portugaise, prise le 8 mai 1802, s'appelait le *Cygne*. Voir au sujet de cet évènement : 1° ma biographie du raïs Hamidou, Alger, Dubos, 1859 ; 2° l'article intitulé *un exploit des Algériens en* 1802, que j'ai publié dans la *Revue Africaine ;* 3° Mon travail sur *la Marine de la Régence d'Alger*, (*Revue Africaine*, n° 77, et tirage à part). Ce navire fit partie de la flotte algérienne sous le nom d'*El-Portekiza*, la Portugaise, et nous allons bientôt la retrouver dans le registre des prises maritimes. Elle fut incendiée en 1816 par l'escadre anglaise placée sous le commandement de lord Exmouth).

N° 358. La polacre de notre Seigneur le raïs Ahmed Lamiali a pris un navire napolitain chargé de blé. Cette prise a été vendue à Tunis et son prix, soit 7,980 *rial boudjou* a été envoyé ici ; le prix de la coque s'est élevé à 2,160 *boudjou*. Elle a également pris deux navires napolitains dont l'un était vide et l'autre chargé de futailles vides et d'une certaine quantité d'étoffes, lesquels ont été vendus ici. Ceci est la répartition faite après le prélèvement du Bandjek et des dépenses. 27 moharrem 1217 (29 mai 1802).

Produit : 32.492 fr. 25 c.

444 parts, s'élevant chacune à 27 rial, 3 huitièmes, 19 dirhem.

N° 359. La goëlette du raïs Alouach a capturé un navire napolitain chargé d'éponges et portant dix-huit mécréants, et une balancelle chargée de futailles vides, lesquels ont été vendus dans cette ville. Prélèvement du Bandjek et des dépenses. 1er moharrem 1217 (3 mai 1802).

Produit : 67,384 fr. 12 c

326 parts, s'élevant chacune à 80 rial, 5 huitièmes.

N° 360. Le chebec du Beylik commandé par le raïs Mustapha Rarnaout, a capturé une chitia (saëtte, barque) napolitaine, chargée de cacao et de sucre qui ont été vendus dans cette ville. Prélèvement du Bandjek et des dépenses et répartition. 2 moharrem 1217 (4 mai 1802).

Produit : 68,115 fr. 37 c.

405 parts et demie, s'élevant chacune à 63 rial, 5 huitièmes.

N° 361. Le chebec du Beylik que commande le raïs Ali Rarnaout a capturé onze mécréants et cent vingt-neuf écus napolitains. Le capitaine a gardé un de ces mécréants pour le service de son embarcation. Le prix des autres et les 129 écus forment l'objet du présent compte. Prélèvement du Bandjek et partage.

Produit : 7,312 fr. 50 c.

398 parts, s'élevant chacune à 8 rial.

N° 362. Le chebec du Beylik, que commande le raïs Ali Tatar, a pris un navire napolitain chargé de sel, qui a été vendu à Tunis et dont le montant a été envoyé ici ; le produit du dit chargement s'élève à mille boudjous. Il a également capturé un autre chebec chargé de divers objets dont la vente a eu lieu ici. La quantité du sel est de 1,116 *kil* (mesures); il y a quatorze mécréants et trois femmes infidèles qui se trouvaient en leur compagnie; ils sont tous napolitains; ils ont été amenés ici ainsi qu'une somme de soixante-douze douros et treize mouzounas. Prélèvement du Bandjek et des dépenses et répartition. 20 safar 1217 (21 juin 1802).

Produit : 16,728 fr. 75 c.

508 parts, s'élevant chacune à 13 rial, 3 huitièmes, 17 dirhem.

N° 363. La polacre commandée par le raïs Ben Zeurman et la goëlette de Salah raïs ont pris deux navires napolitains, l'un portant une petite quantité de peaux et l'autre vide, lesquels ont été vendus dans cette ville. Prélèvement du Bandjek et des dépenses, et répartition.

Produit : 3,466 fr. 12 c.

798 parts, s'élevant chacune à 1 rial, 4 huitièmes, 21 dirhem.

N° 364. La polacre du raïs Mohammed ben Zeurman a pris un navire napolitain chargé de blé, qui a été amené dans cette ville, où la vente a eu lieu. Il y a 1,068 mesures (kil) de blé. Partage après le prélèvement du Bandjek et des dépenses. 25 safar 1217 (26 juin 1802).

Produit : 4,239 fr.

511 parts, s'élevant chacune à 3 rial et 13 dirhem.

N° 365. Le brick de notre Seigneur le raïs Hassan a capturé une balancelle napolitaine ayant un chargement de 539 mesures (kil) de blé, dont la vente a eu lieu dans cette ville. Partage après prélèvement du Bandjek et des dépenses.

Produit : 1,126 fr. 12 c.

Montant de chaque part : 6 huitièmes de rial et 27 dirhem.

N° 366. La polacre commandée par le raïs Mohammed ben Zeurman et la goëlette du raïs Salah, en compagnie de deux navires de guerre tunisiens, avec lesquels ils étaient associés, ont pris un bâtiment napolitain chargé d'huile, qui a été vendu à Tunis. La moitié du produit appartient aux navires tunisiens et et l'autre moitié a été envoyée ici par les soins de Boudjenah, lequel a adressé un bordereau accusant une somme de 43,140 rial. Partage après prélèvement du Bandjek et des dépenses. 3 djoumada 1er de l'année 1217 (31 août 1802).

Produit : 96,265 fr., dont moitié seulement pour les corsaires algériens.

820 parts 1/2, s'élevant chacune à 20 rial, 3 huitièmes et 21 dirhem.

N° 375 (1). Le brick de Hassan rais, le vieux chebec commandé par le raïs Ali et le chebec du raïs Mustapha, ont capturé une tartane napolitaine chargée de blé, qui a été vendue à Doubra (Venise). 714 pièces (de monnaie) vénitiennes ont été envoyées ici et Boudjenah a également fait l'envoi de 200 pièces d'or vénitiennes énoncées dans un bordereau ; total : 914 pièces d'or vénitiennes. Chacune des (714) pièces vaut 3.2 ; chacune des 200 pièces, lesquelles sont hongroises, a eu change de 10,7. Le prix du navire, soit 300 pièces vénitiennes, ayant été prélevé, le surplus a été distribué à l'équipage et à l'Etat. 18 djoumada 1er 1217 (16 septembre 1802).

Produit : 11,598 fr. 75 c.

1,300 parts, s'élevant chacune à 3 rial, 3 huitièmes et 6 dirhem.

Résumé de l'année 1802 : 20 prises, dont 19 napolitaines et 1 portugaise (frégate de 44 canons), donnant un produit total de 575,152 fr. 74 c.

N° 376. 25 chaban 1218 (10 décembre 1803). Hamdan, la frégate du raïs Hamidou, le brick du raïs Ben Zeurman, le brick du raïs Lamiali, la polacre du raïs Hossaïn, le chebec du raïs Ahmed, le chebec du raïs Ali Barnaout, la goëlette du raïs

(1) Il y a en cet endroit du registre une interversion qu'on peut expliquer ainsi. On laissait parfois des feuilles blanches entre deux articles, comme nous en avons la preuve d'abord au n° 135, séparé du n° 134 par cinq pages et demie, et ensuite au n° 427, précédé d'une lacune de dix pages. Il devait y avoir ici un vide de cette nature, lequel aura été rempli en 1804 par un scribe économe, qui sera revenu en arrière pour utiliser du papier qu'il lui semblait fâcheux de laisser sans emploi. L'ordre chronologique des articles est celui-ci : 366, 375, 376, 377, 367, 368, etc.

Alouach et la frégate américaine commandée par le raïs Essekandrini, ont amené dans cette ville 65 mécréants. La vente a eu lieu ici. Partage du produit disponible après le prélèvement du Bandjek. La valeur de deux mécréants a été allouée aux soldats désignés pour armer les embarcations.

Produit : 43,187 fr. 62 c. (soit, en moyenne, 664 fr. 42 c. pour chaque esclave chrétien).

4997 parts et demie, s'élevant chacune à 3 rial, 5 huitièmes et 17 dirhem.

Nota. L'année 1803 ne présente que la mention ci-dessus qui est relative à l'enlèvement, commis à la suite d'un débarquement, de chrétiens dont la nationalité n'est pas indiquée.

N° 377. Le brick du raïs Hassan, le chebec d'Ali raïs et le chebec de Rarnaout Mustapha raïs, ont pris un navire napolitain chargé de blé, qui a été vendu dans la province de Venise. Le produit de cette prise a été envoyé au Palais avec un bordereau; il est de 5,664 douros, auxquels il faut ajouter 654 douros envoyés par le juif Boudjenah, ce qui forme un total de 6,318 douros. Après avoir déduit 900 douros ponr le prix du navire et le droit d'*et-trounkit* (mât de misaine), il reste 5,418 douros à partager entre le Beylik et les équipages, après le prélèvement du Bandjek et des dépenses, ainsi que cela va être établi. 20 choual 1218 (2 février 1804).

Produit : 30,476 fr. 25 c.

1,300 parts, s'élevant chacune à 9 rial 3 huitièmes.

N° 367 (1). La frégate de notre seigneur le raïs Hamidou a pris un navire napolitain chargé de sel et sur lequel se trouvaient, en outre, soixante-dix mécréants, un quintal et 67 livres de corail, 595 douros dont 51 douros napolitains et le reste en pièces diverses, lequel numéraire, après le change, a produit 587 douros. Prélèvement du Bandjek et des dépenses, et partage. 15 kada 1218 (25 février 1804).

Produit : 61,618 fr. 50 c.

---

(1) Voir la note du n° 375.

854 parts, s'élevant chacune à 30 rial, 2 huitièmes et 18 dirhem.

N° 368. Le chebec du Beylik, que commande le raïs Ali Barnaout a pris un navire napolitain chargé de sel sur lequel se trouvaient huit mécréants, 69 pièces d'or vénitiennes, 18 pièces napolitaines et un sequin frappé au coin de Venise. 64 de ces pièces ont été remises au Beylik comme prix du navire, et cinq pièces vénitiennes ont servi à payer les droits d'*et-trounkit* (mât de misaine) et du directeur du port (caïd el-mersa). Partage après prélèvement du Bandjek et des dépenses. 10 kada 1218 (20 février 1804).

Produit : 6,275 fr. 25 c.

425 parts, s'élevant chacune à 6 rial, 2 huitièmes et 25 dirhem.

N° 369. La polacre du raïs Ben Zeurman et la frégate du raïs Mohammed Essekandrini ont pris un navire napolitain chargé de poteries, de rosolio et de marbre, et un chebec napolitain chargé de 80 barriques de vin, sur lesquels se trouvaient vingt-huit mécréants. Partage après prélèvement du Bandjek et des dépenses. 1er hidja 1218 (12 mars 1804).

Produit : 49,066 fr.

1,223 parts, s'élevant chacune à 16 rial et 21 dirhem.

N° 370. Le brick de notre Seigneur, le chebec du raïs Ali Barnaout et le chebec du raïs Mustapha, ont capturé un navire napolitain chargé de sel, et sur lequel il a été trouvé seize mécréants et 726 douros et demi. Prélèvement du Bandjek et des dépenses et partage.

Produit : 17,983 fr. 12 c.

1,300 parts, s'élevant chacune à 5 rial, 5 huitièmes et 8 dirhem.

N° 371. Le chebec de notre Seigneur, commandé par le raïs Hamdan, a pris un navire napolitain chargé de sel et quarante-deux mécréants. La vente a eu lieu dans cette ville. Partage après prélèvement du Bandjek et des dépenses.

Bandjek. . . . . (à reporter). 900 2

Report.	900	2
Prime d'abordage.	215	4
Diwan	9	
Mesureurs du sel	63	
Gardiens	26	
Frégate et embarcation.	32	2
Amarrage	6	
Changeurs.	124	
Chaouch.	40	
Chaouch.	20	
Ourdian.	5	
Vigie	4	4
Boutiques	3	
Crieurs	35	
	1.483	4

Produit net : 30,524 6.

Dont moitié : 15,262 3.

Nombre des parts : 387.

Montant de chaque part : 39 (rial) 3 (huitièmes) 14 (dirhem).

(Le produit brut est de 36,007 fr. 87 c.).

N° 372. Cette fois-ci, le petit chebec de notre seigneur le raïs Hamdan a pris un navire chargé de sel, qui a été vendu à Tunis, et dont le montant a été envoyé ici par les soins du juif Boudjenah; le bordereau que celui-ci a adressé, accuse 4,042 *rialat nouacer* et 4 *kherouba*, sur lesquels il faut déduire 2,678 *rialat nouacer* et 4 *kherouba*, revenant au Beylik comme formant le prix du navire (1); le surplus, soit 1,364 *rial*, a été distribué entre l'équipage et l'Etat (2), après le prélèvement du Bandjek et des dépenses.

Produit : 2,300 fr. 62 c.

387 parts à 2 rial, 1 huitième, 6 dirhem.

(1) Le navire capturé revenait à l'Etat; les captureurs n'avaient aucun droit à prétendre sur sa valeur.

(2) C'est en sa qualité de propriétaire du navire captureur, d'armateur, que l'Etat touchait la moitié du produit net de la prise. Voir mon introduction.

N° 373. La polacre de notre seigneur le raïs Lamiali a pris un navire napolitain chargé de blé et renfermant treize mécréants. Les capitaines de cette prise sont allés à Candie et y ont vendu son chargement de blé moyennant 38,987 *kerch*. Le bordereau arrivé dans notre ville accuse 11,466 douros et 4; en déduisant 1,556 douros qui forment le prix du navire, il reste 9,910 douros 4 pour le produit de la prise; les capitaines de la prise ont reçu 300 douros et le capitaine Lamiali 54 douros. Partage après prélèvement du Bandjek et des dépenses.

Produit : 66,375 fr.

455 parts à 57 rial, 2 huitièmes.

N° 374. La frégate du raïs Hamidou a fait, de concert avec Bache-Karabouche, la prise d'un navire qui a été vendu à Tunis. Le produit de cette prise s'élève à 549 mahboub et demi; en déduisant le prix du navire, soit 512 et 1/2, il reste pour les associés 37 mahboub. Après le prélèvement du Bandjek et des dépenses, le produit est etc.

Produit : 2,747 fr. 50 c.

854 parts à 1 huitième de rial et 1 dirhem.

Résumé de l'année 1804 : 9 prises dont 7 napolitaines et 2 de nationalité non indiquée, donnant un produit total de 272,850 f. 11 c.

N° 378 (1). La frégate du raïs Hamidou, la frégate du raïs Tchelbi, la frégate du raïs Mohammed ou Ali, le brick de Kara Youssef, la polacre du raïs Mustapha, la polacre de Hassain raïs, le chebec du raïs Ali Tatar, le chebec du raïs Hamdan et le chebec d'Ouzoun Mohammed raïs, ont capturé trente-deux mécréants napolitains et les ont amenés dans cette ville. Partage du produit après prélèvement du Bandjek et des dépenses. 5 choual 1219 (6 janvier 1805).

Produit : 21,261 fr. 37 c.

4809 parts à 1 rial, 7 huitièmes, 17 dirhem.

N° 379. La frégate du raïs Hamidou et le chebec de notre Seigneur, commandé par le raïs Hamdan, ont capturé une goëlette

(1) Voir la note du n° 375 (année 1802).

portugaise, chargée de haricots, et cinquante-huit mécréants qu'ils ont amenés dans cette ville, où la vente a eu lieu. Partage après prélèvement du Bandjek et des dépenses. 22 safar 1220 (22 mai 1805).

Produit : 62,034 fr. 75 c.

1315 parts à 19 rial, 6 huitièmes, 10 dirhem.

Nº 380. La frégate de Tchelbi, le brick de Kara Youssef, la polacre de Mustapha raïs, la polacre de Hossain raïs, la frégate américaine et la goëlette du raïs Salah, ont pris cinq navires napolitains chargés de soufre, de bœuf salé, de verreries, de rob et de peaux, et renfermant vingt-trois mécréants. Partage après le prélèvement du Bandjek et des dépenses. Djoumada 2e de l'année 1220 (du 26 août au 23 septembre 1805).

Produit : 71,123 fr. 62.

3104 parts à 9 rial.

Nº 381. Le chebec d'Ali raïs Tatar a capturé quarante-six mécréants et 346 pièces d'or vénitiennes. Partage après le prélèvement du Bandjek et des dépenses.

Produit : 36,013 fr. 50 c.

586 parts à 26 rial, 4 huitièmes et 13 dirhem.

Résumé de l'année 1805 : 8 prises dont 6 napolitaines ; 1 vénitienne et 1 portugaise, donnant un produit total de 190,433 fr. 24 c.

Nº 382. La rédaction du présent est dûe aux circonstances suivantes. L'an mil deux cent vingt, le vingt-huitième jour de Hidja (18 mars 1806), le raïs Hamidou a capturé des navires portugais et hambourgeois qui ont été vendus ici. Ceci est le partage du produit après le prélèvement du Bandjek et des dépenses suivant l'usage. Et le salut.

Produit : 224,242 fr. 87 c.

774 parts à 114 rial, 5 huitièmes.

Nº 383. Le chebec commandé par le raïs Hamdan a capturé un navire portugais chargé d'autimoine et de spartes (halfa), dont la vente a eu lieu. Partage après prélèvement du Bandjek et des dépenses. 19 Djoumada 1er (3 août 1806).

Produit : 16,952 fr. 62 c.

297 parts et demie à 21 rial et 22 dirhem.

N° 384. L'an mil deux cent vingt-et-un, le raïs Ali Tatar, capitaine du grand chebec, a pris un navire chargé d'anchois et de riz, et 33 chrétiens. Prélèvement du Bandjek et des dépenses. 22 Ramdan 1221 (2 décembre 1806).

Capture de blé et de trente pièces (de monnaie) faite également par Tatar Ali raïs.

Produit : 42,243 fr. 87 c.

668 parts et demie s'élevant chacune à 25 rial et 18 dirhem.

Résumé de l'année 1806 : 1 prise portugaise ; 2 prises de nationalité non indiquée, et des prises portugaises et hambourgeoises en nombre non énoncé ; produit total : 283,439 fr. 36 c.

N° 385. L'an mil deux cent vingt-deux, le raïs Ahmed Lamiali, ayant une frégate et cinq bateaux canonniers, a capturé six bateaux de corailleurs dont trois ont pris la fuite et trois ont été amenés à Alger ; ces bateaux renfermaient quatre caisses de corail et trente mécréants. Le produit de cette prise a été distribué à raison d'une part par homme et de trois parts pour le capitaine, et cela après le prélèvement du Bandjek, des dépenses, des allocations de vivres faites aux bateaux canonniers et des parts des marabouts. 7 Djoumada 1er de l'année 1222 (12 juillet 1807).

Produit : 5,494 fr. 50 c.

N° 386. L'an mil deux cent vingt-deux, le huitième jour de djoumada 2e (13 août 1807), le bateau de l'armateur Sidi Mohammed, teurdjeman (interprète) du palais, commandé par le raïs El-Hadj Ahmed el-Haddad (le forgeron), a capturé un bateau portugais chargé de thons.

Produit : 19,609 fr. 87 c.

47 parts à 150 rial.

N° 387. L'an mil deux cent vingt-deux et le 22 djoumada 2e (18 août 1807), la goëlette de Salah raïs a fait une prise portugaise qui a été vendue dans la province de l'ouest et dont le produit a été envoyé ici.

Produit : 269,830 fr. 12 c.
292 parts, s'élevant chacune à 355 rial.

N° 388. Le vingt-huitième jour du mois de redjeb de l'année 1222 (30 septembre 1807), le koptan (amiral) Hamidou, faisant route pour Smyrne, a capturé dix chrétiens.
Produit : 9,733 fr. 50 c.
738 parts à 5 rial et 3 mouzounas.

N° 389. L'an mil deux cent vingt-deux, le bateau du teurdjeman du palais, son armateur, commandé par le raïs El-Hadj Ahmed el-Haddad (le forgeron), a fait une prise renfermant neuf chrétiens. 29 redjeb 1222 (1er octobre 1807).
Produit : 7,563 fr. 37 c.
184 parts à 16 rial 6 huitièmes.

N° 390. Lorsque le koptan Hamidou revenait de Smyrne, de conserve avec l'oukil el-hardj (intendant) du palais, Kara Ahmed Bey, montant sa polacre, avec laquelle il s'était rendu à Constantinople, ils prirent un navire chargé de figues. 2 chaban 1222 (4 octobre 1807). 10 chrétiens.
Produit : 5,085 fr.
1221 parts à 14 mouzouna.

N° 391. A la date du 20 chaban de l'année mil deux cent vingt-deux (23 octobre 1807), le raïs El-Hadj Ahmed el-Haddad, commandant le navire de l'armateur Sidi Mohammed, teurdjeman du palais, a pris un bâtiment chargé d'amandes. 6 chrétiens.
Produit : 17,876 fr. 25 c.
172 parts et demie, à 39 rial et 2 dirhem.

N° 392. Le 10 du mois de choual de l'année 1221 (21 décembre 1806), le koptan Hamidou a fait une prise portugaise qui a été vendue dans le Maroc, et dont le montant nous est parvenu en 1222 (1807). Prélèvements et répartition.
Produit : 22,101 fr. 75 c.
754 parts à 11 rial 2 huitièmes.

Résumé de l'année 1807 : 10 prises, dont 3 portugaises et 7

sans nationalité indiquée, donnant un produit total de 357,294 fr. 36 c.

N° 393. L'an mil deux cent vingt-deux et le vingt-neuvième jour de kada (28 janvier 1808), la frégate du raïs Hamidou et le chebec de Hamdan raïs ont pris un navire chargé de terre à savon. 5 chrétiens. Prélèvements et répartition.

Produit : 54,056 fr. 25 c.

1,332 parts à 15 rial 4 huitièmes.

N° 394. L'an mil deux cent vingt-trois, le quinzième jour de rebi 2e (11 mai 1808), le raïs Ali Tatar a pris des navires siciliens chargés d'étoffes, d'orge, de maïs et de morues. Prélèvements et répartition. (D'après les articles du compte, il y a 4 prises : la 1re chargée d'orge, la 2e chargée de morues, la 3e chargée de pierres et la 4e sur lest. *N. du T.*)

Produit : 49,403 fr. 25 c.

731 parts et demie à 25 rial et 1 dirhem.

N° 395. L'an mil deux cent vingt-trois, le vingtième jour du mois de djoumada 1er (14 juillet 1808), le chebec de l'armateur Sidi Mohammed, teurdjeman du palais, commandé par le raïs El-Hadj Ahmed el-Haddad, a pris un navire grec chargé de raisins secs, d'éponges, d'opium et de graines pour teinture verte. En outre des Grecs, il y avait seize mécréants napolitains. Comptes relatifs au produit de cette prise. 20 djoumada 1er de l'année 1223. Prélèvements et répartition.

Produit : 106,261 fr. 87 c.

259 parts à 156 rial 1 huitième.

N° 396. L'an mil deux cent vingt-trois, dans le noble mois de chaban, le koptan Hamidou a capturé deux navires portugais chargés de blé et de charbon, et dans le noble mois de ramdan (octobre 1808), il a été procédé au partage du produit de cette prise et des chrétiens, dont le nombre est de 74. Prélèvement du Bandjek et des dépenses.

Produit : 38,408 fr. 62 c.

897 parts à 17 rial, 6 huitièmes, 18 dirhem.

N° 397. L'an mil deux cent vingt-trois, dans le noble mois

de chaban (septembre 1808), le raïs Tatar Ali a pris un navire portugais chargé de poteries. Le produit des marchandises a été partagé dans le noble mois de ramdan. Le nombre des mécréants est de 40.

Produit : 23,729 fr. 62 c.

803 parts à 12 rial, 1 huitième, 19 dirhem.

N° 398. L'an mil deux cent vingt-trois, dans le noble mois de chaban, le raïs Mohammed Tchelbi a pris un navire portugais. Le prix des marchandises et des chrétiens, dont le nombre est de 23, a été partagé le 13 de ramdan de l'année 1223 (2 novembre 1808). Prélèvements et répartition.

Produit : 25,246 fr. 20 c.

716 parts et demie à 13 rial 5 huitièmes.

Résumé de l'année 1808 : 10 prises, dont 4 napolitaines, 4 portugaises, 1 grecque, et 1 sans nationalité indiquée, donnant un produit total de 297,105 fr. 81 c.

N° 399. L'an mil deux cent vingt-quatre, dans le mois de djoumada 2e (juillet 1809), le petit chebec que commande le raïs Ibrahim Sa'atchi (l'horloger), a capturé des mécréants siciliens dont le nombre, après le prélèvement de la part des marabouts, est de 18. Enonciation des dépenses et répartition. 1er redjeb 1224 (12 août 1809).

Produit : 9,955 fr. 12 c. (soit, en moyenne, 552 fr. 95 c. pour chaque chrétien).

270 parts à 16 rial, 1 huitième, 9 dirhem.

N° 400. L'an mil deux cent vingt-quatre, dans le mois de djoumada 2e, la frégate commandée par le raïs Rarnaout Ali a pris un brick grec chargé de raisins secs, et dans les derniers jours du noble redjeb a eu lieu la répartition des parts de prise, dans lesquelles n'est pas compris le prix des mécréants. 29 redjeb 1224 (9 septembre 1809).

Produit : 9,063 fr.

834 parts et demie à 3 rial, 7 huitièmes, 16 dirhem.

N° 401. L'an mil deux cent vingt-quatre, dans le mois de djoumada 1er, le grand chebec du raïs Kara Ibrahim, a pris un navire sarde chargé de sucre, de verreries, de fer et de poteries, dont le produit a été partagé en cha'ban. Les mécréants qui montaient cette capture ont pris la fuite. Ceci est l'énonciation des dépenses. 4 cha'ban 1224 (14 septembre 1809).

Produit : 12,481 fr. 87 c.

518 parts et demie à 8 rial, 7 huitièmes et 18 dirhem.

N° 402. L'an mil deux cent vingt-quatre, la frégate du raïs Ali Tatar a pris trois navires siciliens, chargés l'un de poudre, l'autre de boulets et le troisième d'orge, et renfermant cinquante-neuf mécréants. 15 du noble mois de cha'ban 1224 (25 octobre 1809).

Produit : 71,236 fr. 12 c.

789 parts et demie à 36 rial, 2 huitièmes, 24 dirhem.

N° 403. L'an mil deux cent vingt-quatre, le petit chebec commandé par le raïs El-Hadj Ahmed El-Haddad (le forgeron), a pris un petit chebec sicilien renfermant une certaine quantité de vin et vingt-deux mécréants, dont après le prélèvement du Bandjek, il est resté 19 et 1/4. 20 ramdan 1224 (29 octobre 1809).

Produit : 11,760 fr. 75 c.

266 parts et demie à 19 rial, 1 huitième, 8 dirhem.

Résumé de l'année 1809 : 7 prises dont 5 napolitaines, 1 sarde et 1 grecque, donnant un produit total de 114,496 fr. 86 c.

N° 404. L'an mil deux cent vingt-cinq, le onzième jour du mois de ramdan (10 octobre 1810), le raïs Hamidou a capturé les marchandises ci-après, de provenance tunisienne : 1,699 douzaines de chachia (calottes), 200 pièces de *rouam* (sorte d'étoffe), 47 pièces de *baz djaukeli* (sorte de mousseline), et 17 pièces de *mer'az* (sorte de tissu de laine); plus, du numéraire pour une valeur de 14,486 *rial draham serur*, 4 huitièmes, et quatre négresses, dont une a été gardée par le raïs. (Un chrétien a été donné aux marabouts. Les marchandises capturées se trouvaient donc chargées sur un navire européen. *N. du T.*)

Produit : 171,347 fr. 62 c. — 865 parts.

Nota. Il n'existe pour l'année 1810 que l'article ci-dessus.

N° 405. Année 1226. Dans le mois de djoumada 1er (juin

1811), six navires de guerre en participation de bénéfice avec quatre canonnières, et commandés par le raïs Hamidou, Tatar Ali raïs, Lamiali, Ahmed raïs, le maltais Mustapha raïs, Kara Ibrahim raïs et Omar raïs, ont capturé des marchandises tunisiennes sur un navire anglais, savoir : 13 barils d'alun, 4 barils de *mesteka* (résine de lentisque), 12 sacs de laine, 5 sacs de kermès, 52 coffres, 2 petits coffres remplis de calottes (chachia), 18 ballots d'étoffe, 16 livres de soie grège, 364 livres de *kalamati* (sorte de soie).

	Rial.	Huit.
Bandjek.	19,014	4
Part des marabouts sur les chrétiens	472	4
Nolisement du navire anglais qui a apporté les marchandises	2,800	
Prime d'abordage allouée à l'occasion de la prise de la frégate tunisienne (1). 600 saïma	129	2
Capitaine de prise du navire anglais. 400 saïma	86	2
Diwan des 6 navires de guerre, 2 boudjous à chacun	36	
4 gardiens.	8	
	(*sic*) 22,446.	4
Peseur	10	
Crieur, 600 rial, et caïd eddoukhan, 200 . . .	800	
Changeur	540	
Déchargement	100	
Ourdian.	9	
Chaouch du Bandjek	160	
Chaouch juif.	80	
Vigie	4	4
Boutiques	30	
	24,280	»
Port	1,297	
	25,577	»

(1) Pour la prise de cette frégate, voir : 1° page 13 de mon *Tachrifat*, Alger, 1852, imprimerie du Gouvernement ; 2° page 97 de mon *Raïs Hamidou*, Alger, 1859, Dubos frères.

Moitié du produit net : 64,214 rial 4.

Nombre des parts : 3,987 4.

Montant de chaque part : 16 rial 1. (Le produit brut est de 173,256 fr. 75 c.

Les mêmes bâtiments ont pris un navire de Djerba (Tunisie), chargé de 89 douzaines de calottes (chachia).

(Le produit de cette prise est compris dans la somme de 173,256 fr. 75 c. ci-dessus.)

N° 406. L'an mil deux cent vingt-six (1811), sept navires de guerre ont pris une polacre grecque de Djämlidja (l'une des îles de l'archipel grec), chargée de blé, mesurant 10,640 *sa*, qui a été vendu dans notre port florissant, d'un peu de riz et de savon, et de quelques armes, ce qui a donné un total de 302,116 rial draham. 22 safar 1226 (18 mars 1811).

Produit : 339,880 fr. 50 c.

4,723 parts et demie à 27 rial, 3 huitièmes et 22 dirhem.

Résumé de l'année 1811 : 4 prises, savoir : 3 tunisiennes, dont une frégate de 44 canons, et 1 grecque, donnant un produit total de 513,137 fr. 25 c.

N° 407. L'an mil deux cent vingt-sept, le raïs Tatar Ali et son associé Lamiali Ahmed raïs, ont capturé des marchandises tunisiennes sur un navire anglais. 23 moharrem 1227 (7 février 1812). La vente a eu lieu. Répartition du produit.

Produit : 52,168 fr. 50 c.

N° 408. L'an mil deux cent vingt-sept, huit navires de guerre ont pris un bâtiment de Grecs mécréants, savoir : raïs Hamidou, montant une frégate ; Tatar Ali raïs, commandant la grande frégate; Zmirli Ahmed, commandant la frégate *la Portugaise* (1) ; raïs Mohammed el-Harrar (le tisserand), commandant la frégate tunisienne (2); Lamiali Ahmed raïs, montant une corvette; El-Hadj Ahmed el-Haddad (le forgeron), montant la corvette *Mersouk* (la Fortunée) ; Kara Ibrahim, montant le brick portugais ; Salah raïs, montant le brick neuf. La vente a eu lieu et ceci est

(1) C'est la frégate dont la prise fait l'objet de l'article 357 du présent registre.

(2) C'est celle dont la prise figure à l'article 405 du présent document.

la répartition du produit. 15 djoumada 2e 1227 (26 juin 1812).

Cette fois-ci, les huit navires de guerre désignés ci-dessus, ont pris quatre bâtiments grecs chargés l'un de blé, l'autre de vin et d'eau-de-vie, et le troisième de raisins secs, lequel a été capturé par Tatar Ali raïs, ayant pour associé un chebec de Tripoli, ainsi que c'est connu; le quatrième est vide. 15 djoumada 2e 1227 (26 juin 1812).

Produit : 1,620,252 fr.

5674 parts à 108 rial 4 huitièmes.

No 409. L'an mil deux cent vingt-sept, le raïs El-Hadj Hamdan, capitaine de la galiote, a capturé un navire espagnol dépourvu de passeport, et chargé de 1,277 barriques de farine et de 72 quintaux 68 livres de coton, ainsi qu'un bateau corailleur, monté par seize mécréants siciliens. 8 djoumada 2e 1227 (19 juin 1812). 72 livres 11 onces de corail.

Produit : 173,755 fr. 12 c.

157 parts à 419 rial 3 huitièmes.

No 410. L'an mil deux cent vingt-sept, onze navires de guerre, six chaloupes canonnières, une galiote et une goëlette, tous associés, ont capturé une barque sicilienne montée par quatre mécréants, et un brick américain. 25 ramdan 1227 (2 octobre 1812). Les capitaines de ces navires sont : le raïs Hamidou; El-Hadj Sliman, qui était précédemment koptan; Kara Ibrahim raïs; le raïs Mohammed el-Harrar; El-Hadj Na'man; Lamiali Ahmed raïs; El-Hadj Ahmed el-Haddad (le forgeron); Salah raïs; Rarnaout (l'albanais) Youssef raïs Essa'tchi (l'horloger); et Ouzoun Ali raïs.

Ont été vendus les objets trouvés sur le brick américain, savoir :

140 barils de vinaigre de bonne qualité.
220 sacs de farine fine.
54 sacs d'anis.
5 caisses de séné.
1 baril de crême de tartre.
8 caisses d'opium.
2 barils de sulfate de cuivre.
250 caisses de soufre.

4 barils de soufre.

2 barils d'arsenic.

2 caisses renfermant 500 pièces de *haricha* (mousseline unie et grossière).

La barque sicilienne renfermait 6 barils de vinaigre.

Produit : 80,956 fr. 12 c.

9,421 parts et demie, s'élevant chacune à 3 rial, 2 huitièmes, 10 dirhem.

N° 411. Cette fois-ci, trois navires de guerre ont pris une barque espagnole chargée de coton. Le passeport qu'avaient les mécréants était incomplet. Après l'arrivée dans cette ville, en exécution des réglements en vigueur, les passagers, les dits mécréants et leur navire, ont été rendus aux mécréants (1). (Noms des capitaines :) Lamiali Ahmed raïs; l'albanais Youssef raïs et Ouzoun Ali raïs. Le poids du coton est de 2,820 quintaux. 12 choual 1227 (19 octobre 1812).

Produit : 47,595 fr. 37 c.

1,491 parts à 12 rial 1 huitième.

N° 412. Cette fois-ci, deux navires de guerre, savoir : la frégate du raïs Hadj Sliman et la frégate *la Portugaise*, commandée par Hadj Hassan, ont pris un navire américain chargé de 470 barriques de farine, valant 17 douros d'argent et 4 rial chacune, de 2,990 mesures de haricots et de maïs, valant 28 rial et demi chacune, de 12 barriques de viande valant 59 rial chacune, d'un baril de beurre fondu, valant 41 rial, de deux barriques de beurre fondu, valant 42 rial, et de 3 barriques de tabac, valant 46 rial chacune. 29 rebi' 1er 1227 (12 avril 1812). Ensemble, ces objets ont donné un produit de 143,954 rial draham (161,948 fr. 25 c.)

Résumé de l'année 1812 : 12 prises, dont 5 grecques, 2 espagnoles, 2 napolitaines, 2 américaines et 1 tunisienne, donnant un produit total de 2,136,675 fr. 36 c.

N° 413. En l'année mil deux cent vingt-huit, le raïs algérien Mohammed el-Harrar (le tisserand), commandant la frégate tuni-

(1) Mais la cargaison a été gardée... — *N. du T.*

sienne, a pris deux navires grecs dont la cargaison a été vendue à Alger; l'un était chargé de bois de construction navale, que le Beylik s'est réservé moyennant la somme de 4,828 douros d'argent et 3 rial draham; et le second, de blé, mesurant 4,117 *sa*, et valant trois douros d'argent la mesure. Il y avait 600 mesures de blé avarié, qui s'est vendu 1 boudjou la mesure. La totalité du produit est de 122,795 rial draham 4. 3 moharrem 1228 (6 janvier 1813).

Produit : 138,144 fr. 37 c.

828 parts à 62 rial 7 mouzounas.

N° 414. Nouvelle lune de rebi' 1228 (mars 1813). Cette fois-ci, deux navires de guerre, savoir ; le brick commandé par Tchoulak Hossaïn, et son associée la frégate tunisienne, que commande le raïs Mohammed el-Harrar, ont pris une polacre grecque et huit mécréants siciliens, dont après le prélèvement du Bandjek il restait 7 (1). — —1,652 *sa'* de sel. — 32,130 (?) quintaux (?) de séné (2).

Bandjek	3,326	
Capitaine de prise	64	5
Diwan des navires	12	
Gardiens. – 6 journées	12	
Mesureurs	28	4
Pesage	14	6
Changeurs	250	
Chaouch du Bandjek	16	
Chaouch juif	8	
Ourdian	5	
Pain	20	
Vigie	4	4
Boutiques	6	
	3,875	3(*sic*)
Port	265	
	4,140	3

(1) Le bandjek était prélevé en nature sur les prisonniers.
(2) Cette énonciation est évidemment erronée.

Produit.	26,607	6
Produit des chrétiens	3,780	
	30,387	6
Dépenses	4,140	3
Reste	26,247	3
Moitié.	13,123	5 1/2

Montant de chaque part : 9 rial 4 (huitièmes).
(Le produit est de 34,185 fr. 37 c.)

Résumé de l'année 1813 : 3 prises grecques, d'un produit total de 172,329 fr. 74 c.

N° 415. En l'année mil deux cent vingt-neuf, deux navires de guerre ont pris aux mécréants grecs un brick dans lequel ont été trouvées 68 caisses de sucre. 15 rebi' 1er 1229 (7 mars 1814).

(Noms des capitaines) : El-Hadj Ahmed el-Haddad (le forgeron) et Ouzoun Ali raïs.

Sucre vendu.	12,293 quintaux nets (sans tare)
30 caisses de sucre gardées par le Beylik	10,210 quintaux nets.
	22,503

Produit : 50,767 fr. 87 c.
1,499 parts à 12 rial, 7 mouzounas, 10 dirhem.

N° 416. L'an mil deux cent vingt-neuf (1814), huit navires de guerre associés ont pris un brick sicilien chargé de poteries et de fer, et un bâtiment grec chargé de blé, mesurant 12,220 *sa*. En outre de la poterie, le sicilien portait des étoffes, des cercles en fer, des fers ronds pesant 2,241 grands quintaux 76 livres et valant 45 rial le quintal, des clous pesant 39 quintaux 87 livres, à raison de 50 rial, et 44 quintaux 35 livres de cuivre, à 200 rial. Ils ont également capturé un chebec espagnol ayant un chargement composé comme il suit : 769 *kolla* d'huile, mesure de Tunis, et valant 7 rial ; 6 quintaux 65 livres de *mor'era* (terre pour teinture rouge), du prix de 15 rial ; 97 barriques de gou-

dron et de brai, du prix de 40 (rial), et 1 quintal et 50 livres de noir de fumée. Les capitaines de ces navires sont : Hamidou koptan ; El-Hadj Hassan, précédemment koptan ; Mustapha raïs, qui était précédemment ourdian-bachi ; l'ancien caïd el-mersa, Tchoulak Hossaïn raïs ; Hadj Na'man ; Omar raïs ; Ouzoun Ali raïs ; et le maltais Mustapha raïs.

	Rial.	
Produit total du fer.	127,134	7
Produit total de la poterie.	97,474	6
Produit total du blé (nombre de mesures 12,220, prix 15).	183,300	
Prix total de 35 mécréants.	16,537	4
	424,947	1

(*Nota.* Il faudrait 424,497,1 au lieu du total ci-dessus lequel contient une erreur de 500 rial).

Produit : 478,065 fr. 37 c.

5,617 parts et demie à 32 rial 3 huitièmes.

Le Beylik est resté débiteur du prix du fer et des mécréants, et cette somme n'a pas été envoyée du Palais. Mais d'après les réglements en vigueur, il a été retenu sur la part de prise revenant au Beylik, savoir :

	Rial.
Le prix du fer, soit.	127,134
Le prix des mécréants (35), soit.	16,537
	143,671

La moitié revenant au Beylik (comme propriétaire des navires), après prélèvement, était de 162,022 rial.

N° 417. En l'année mil deux cent vingt-neuf, six navires de guerre sont sortis pour croiser en pleine mer, ont pris des bâtiments suédois et danois et les ont amenés à Alger, où leur chargement a été vendu et où la répartition a eu lieu. Que cela soit connu. 15 safar 1229 (6 février 1814).

Nota. Cet article est inachevé et biffé.

N° 418. En l'année mil deux cent vingt-neuf, deux navires de guerre ont pris un brick des mécréants espagnols et deux bâtiments hollandais chargés de sel et de poterie espagnole. Après la vente de leur chargement, la répartition a eu lieu. Que cela soit connu ! 20 safar 1229 (11 février 1814).

Produit : 77,661 fr.

1,562 parts à 19 rial.

N° 419. En l'année mil deux cent vingt-neuf, six navires de guerre ont fait des prises suédoises et danoises qui ont été vendues et dont le produit a été partagé. Les capitaines de ces navires sont : Mustapha raïs, qui était ourdian Bachi, Tchoulak Hossaïn raïs, Ouzoun Ali raïs, le raïs Hossaïn Griteli (le Crétois), le raïs Mustapha Malti (le Maltais), et le raïs Omar Roudesli (le Rhodien.

Les prises consistent en trois navires suédois et deux navires danois. Les navires suédois sont chargés l'un de café, de sucre, et de cochenille, et les deux autres de bois de charpente. Quant aux deux bâtiments danois, ils étaient chargés l'un de sucre et l'autre de morues. Le raïs Hamidou et le raïs Ali Tatar ayant capturé un navire suédois chargé d'étoffes et deux navires hollandais chargés de sel, les six bâtiments dont la mention précède se sont associés avec eux pour le partage des prises.

Produit : 550,282 fr. 50 c.

3,600 parts à 89 rial 4 huitièmes.

N° 420. En l'année mil deux cent vingt-neuf (1814), deux frégates ont pris aux Suédois un navire chargé d'étoffes, et deux bâtiments hollandais chargés de sel et d'étoffes. Elles sont associées pour les trois navires. Ces trois navires sont compris dans la répartition faite aux six bâtiments (voir n° 419).

Hamidou. — Tatar Ali,

Produit : 632,659 fr. 50 c.

3,350 parts à 72 rial.

N° 421. En l'année mil deux cent vingt-neuf, trois navires de guerre ont pris aux Danois mécréants un bâtiment chargé de cristaux. Ils ont pris également aux Espagnols un bâtiment chargé d'orge. Ces prises ont été vendues et distribuées conformément aux usages.

Le Danois : cristaux et fer.
L'Espagnol : 1,800 mesures (kil) d'orge.
Dahman raïs ; El Hadj Na'man ; El-Hadj Ahmed El-Haddad.
28 rebi 2e 1229 (19 avril 1814)
Produit : 164,696 fr. 62 c.
2,267 parts et demie à 2: rial et 4 huitièmes.

Résumé de l'année 1814 : 17 prises dont 4 suédoises,, 4 hollandaises, 3 danoises, 3 espagnoles, 2 grecques et 1 napolitaine, donnant un produit total de de 1,954,132 fr. 86 c.

N° 422. En l'année mil deux cent trente, le raïs Ali Tatar, étant en croisère, a pris un navire marocain chargé des marchandises dont le détail suit. Nouvelle lune de Safar 1230 (janvier 1815).

	Rial.	
88 caisses de sucre blanc pesant 288 quintaux 35 livres.	46,568	4
62 caisses de sucre rouge pesant 2800 quintaux.	27,352	
13 quintaux 94 livres de cochenille, à 65.2.	90,958	4
82 quintaux 45 livres de bois de campêche à 40.	3,298	
	168,177	0

Produit : 189, 199 fr. 12 c.
900 parts à 80 rial 2 huitièmes.

N° 423. Le 15 rebi 1er de l'année 1230 (25 février 1815) le raïs Dahman a capturé un brigantin battant pavillon anglais et chargé de 1110 *sa'* de blé valant 22.4. Il y a eu vente et ensuite répartition.
Produit : 44,102 fr. 25 c.
967 parts à 17 rial 2 huitièmes.

N° 434. En mil deux cent trente (1815), cinq navires de guerre associés ont pris une goëlette espagnole chargée de cacao, et un navire hollandais, chargé de sel. Sept mécréants.

Raïs Hamidou, Tchoulak Hassaïn, Hadj Ahmed el Haddad, Omar raïs, raïs Hossaïn Griteli (le candiote).

	Rial.
Cacao	101,668
Bois de Campêche.	7,785
Indigo.	2,340
	111,793

Le produit total du cacao, du bois de Campêche, de l'indigo et des mécréants est de 156,751 rial.

Produit : 176,344 fr. 87 c.

3,636 parts à 18 rial 4 huitièmes.

N° 425. Le 15 safar 1230 (27 janvier 1815), cinq navires associés pour le partage des prises et commandés par El-Hadj Na'man, Bachali Mustapha raïs, Tatar Ali raïs, Ouzoun Ali et Mustapha raïs, le Maltais, ont pris un navire chargé de bois, d'une chaise, d'une horloge et d'un banc ; un brick chargé de planches et d'une caisse de vitres ; et un navire chargé de blé de Tunis. — Le blé mesure 6,009 *sa'* à raison de 22 rial 4. — 250 mécrants. — 140 quintaux 53 livres de soie à 30 rial. — 4,200 quintaux de tabac à 231.

Produit : 359,757 fr.

3,958 parts à 36 rial 3 huitièmes.

(*Nota*. En juin 1815, une escadre des Etats-Unis d'Amérique, placée sous le commandement du commodore Decatur et ayant mission d'agir contre les Algériens, prit un brick de la Régence et la frégate montée par le célèbre raïs Hamidou, qui trouva la mort dans ce combat. Le dey accepta les conditions de paix qui lui furent imposées.)

N° 426. Le 28 ramdan 1230 (3 septembre 1815), le raïs Ahmed Lamiali a pris 120 douros (écus).

Produit : 1,012 fr. 50 c.

336 parts 1/2 à 1 rial 24 dirhem.

(*Nota*. Après cet article, le registre présente cinq feuillets laissés en blanc.)

Résumé de l'année 1815 : 8 prises, dont 1 hollandaise, 1 espagnole, 1 anglaise, 1 marocaine et 4 de nationalité non indiquée, donnant un produit total de 770,415 fr. 74 c.

(*Nota*. Le 27 août 1816, une escadre anglaise, commandée par lord Exmouth, et accompagnée d'une division hollandaise, attaqua Alger et incendia la flotte algérienne. Le 4 septembre de la même année, c'est-à-dire sept jours après la rude leçon que venaient de recevoir les Algériens, de nouveaux corsaires se préparaient à prendre la mer (1). Il ne semble pas que les Algériens aient fait des prises en 1816; du moins, je n'ai trouvé aucune trace de captures pour cette année.)

N° 427. La rédaction du présent est dûe aux circonstances suivantes. L'an mil deux cent trente-trois, le vingt-et-unième jour du mois de Dieu, achoura (1er décembre 1817), a eu lieu la fixation des grandes parts (2) des navires de guerre d'Alger. — Année 1233.

Le brick de Baldji, 26. Le brick du raïs Kassem, 24. La polacre de Tripoli, commandée par Mohammed raïs, 26. Le brick de Salah raïs, 24. La goëlette du raïs Kaddour, 22. La goëlette d'El-Hadj Ahmed, 22.

(*Nota*. Pour compléter le registre des prises maritimes, qui présente des lacunes en cet endroit, je crois devoir intercaler entre ses articles, la traduction de divers documents écrits sur feuilles volantes et que je désigne par les lettres A, B, C, etc.)

A. Par la grâce du Très-Haut, six navires de guerre d'Alger, boulevard de la guerre Sainte, sont entrés dans l'Océan et y ont capturé quatre bâtiments, dont la valeur a été répartie entre les captureurs. Le nolisement de ces navires s'élevait approximativement à 800 douros et Notre Seigneur le Pacha a fait l'avance de cette somme. Après la vente des marchandises, faite par les soins du *khodjet el-Renaïm* (secrétaire aux prises), cette somme a été intégralement remboursée à notre dit Seigneur sur le dit produit, ainsi qu'il y avait lieu. 25 moharrem 1233 (5 décembre 1817).

(1) Voir le travail que j'ai publié sur la marine algérienne.
(2) C'étaient celles qu'on allouait aux capitaines.

B. Voici les motifs de la rédaction du présent. Au commencement du mois de rebi' 1er de l'année 1233 (janvier 1818), sous les jours de Notre Seigneur Ali Pacha, les grandes parts des navires de guerre d'Alger furent fixées comme il suit : le brick de Baldji raïs, 26. Le brick du raïs Kassem, 24. Le brick de Tripoli, raïs Mohammed, 26. Le brick de Salah raïs, 24. La goëlette du raïs Keddour, 22. La goëlette d'El-Hadj Ahmed raïs, 22. La corvette du raïs Bakir, 40.

C. La rédaction du présent est dûe aux circonstances suivantes : en l'année 1233 (1818), six navires de guerre algériens prirent la mer et allèrent en course. Ils capturèrent quatre bâtiments, savoir : un navire espagnol chargé de harengs ; un bâtiment chargé de halfa pour câbles ; un autre navire chargé d'eau-de-vie et de sel ; et un bâtiment génois chargé de couteaux et de papier. Le produit de ces prises s'élève en totalité à 121,080 rial (soit 90,810 fr. 05 c.) (1).

Nota. Je n'ai trouvé de renseignements d'aucune nature pour l'année 1819.

D. La rédaction du présent est dûe aux circonstances suivantes : le jeudi, *cinquième jour de kada* 1235 (14 août 1820), il a été capturé des marchandises de provenance tunisienne et dont la valeur est de 174,951 rial (131,213 fr. 25 c.).

Nota. Je n'ai trouvé aucun renseignement pour les années 1821, 1822 et 1823.

No 428 *du registre des prises maritimes*. La rédaction du présent est dûe aux circonstances suivantes : l'an mil deux cent trente-neuf, le mercredi, treizième jour du mois de redjeb l'unique (14 mars 1824), cinq navires de guerre d'Alger ont été autorisés à faire des prises, 1239.

No 429. Cette année bénie, qui est l'année 1239, les navires

(1) Après le refonte opérée en 1818, le change du *rial draham serar* varia entre 0 fr. 90 c. et 0 fr. 60 c. J'ai pris pour mes évaluations la moyenne de 0 fr. 75 c.

commandés par Mustapha raïs, Omar raïs, Ibrahim raïs, Kaddour raïs et Hassan raïs ont fait diverses prises sur les Espagnols. 12 du mois de redjeb (13 mars 1824).

Frégate *Meftah el-Djihad* (la clé de la guerre sainte), commandée par Mustapha raïs, 50. Frégate *Belhouaz*, Omar raïs, 45. Corvette noire, Keddour raïs, 24. Brick d'Ibrahim raïs, 25. Goëlette de Hassan raïs, 22.

Objet de cet écrit. En l'année 1239, cinq navires de guerre algériens, ont fait sur les Espagnols des prises dont le produit total est de 101,948 rial (76, 461 fr.).

MENTION DES DÉPENSES.

	Rial.	
Bandjek	12,747	
Primes d'abordage des quatre prises	452	
Diwans des cinq navires	30	
Chaland et cinq chaloupes	1,140	
Frégate de garde	45	
Embarcation	12	
Amarrage	12	
Gardiens	66	
Pesage	13	4
	14,517	4
Crieurs	525	
Ourdian	24	
Caïd eddoukhan	175	
Vigie	4	4
Boutiques	15	
Frais divers	161	
Changeurs	356	
Chaouch (musulman du bandjek)	75	
Chaouch juif	37	4
	15,890	4
Port	860	
	15,750	4

Produit net : 84,198.

Moitié : 42,099.
Nombre des parts : 3,009.
Montant de chaque part : 13 rial 7 (huitièmes).

No 430. Objet de notre écrit. Cette année bénie, qui est l'année 1239, il est arrivé de Tunis, une prise chargée de sardines, et le produit en ayant été remis dans les premiers jours de kada (juillet 1824), il a été procédé au partage après le prélèvement du bandjek et des frais. La moitié du produit net est de 12,362 rial (9,271 fr. 50 c.). (Cet article a été biffé).

No 431 *et dernier du registre des prises maritimes.*

Comptes relatifs à une prise de blé et de lin faite sur les Espagnols et dont le produit total est de 14,296 (10,722 fr.).

	Rial.	
Bandjek	1,787	
Changeurs.	50	
Crieurs	63	3
Caïd eddoukhan	21	5
Peseur	2	4
Prime d'abordage.	43	
Gardiens de la prise.	12	
Diwans des trois navires de guerre. . . .	9	
Kahia (second) du ourdian.	9	
Vigie.	4	4
Boutiques.	9	
Chaouch du bandjek.	12	
Chaouch juif.	6	
Hommes qui ont déchargé le navire.	27	
Embarcation pour l'amarrage.	12	
Mesureur du blé et du lin.	6	
Nourriture.	72	
Port	121	
	2.273	0(*sic*)

Moitié du produit : 6,011 4.
Nombre des parts : 1,518.
Montant de chaque part : 3 rial, 7 huitièmes.

Nota. Après ce dernier article, le registre présente encore dix-neuf feuillets qui n'ont pu être utilisés.

E. La rédaction du présent est dûe aux circonstances suivantes. Dans le milieu du mois de kada de l'année 1241 (juin 1826), les navires de guerre d'Alger ont capturé sept bâtiments espagnols, savoir : un brick chargé de graines de lin ; un bateau chargé de halfa et de fer ; un autre bateau renfermant deux personnages de distinction qui se rendaient à un marché ; un autre bateau portant des sacs et 64 caisses de sucre ; un autre bateau chargé de vin et d'eau-de-vie et un dernier bateau vide. Inscrit ici pour ce que de besoin. La totalité du produit est de 104,103 rial (78,077 fr. 25 c.). Il a été versé au palais comme bandjek 13,012 rial.

F. La vente des prises faites sur le Pape (1) ayant eu lieu, le présent compte a été dressé pour indiquer les ayants-droit à la somme qui sera indiquée, que ce soit le beylik, les gens des équipages ou tous autres. 19 safar 1242 (22 septembre 1826).

	Rial.
Produit général.	142,242 (2)
A défalquer, un huitième, comme Bandjek .	17,780
	124,462
A déduire pour frais d'enchères.	600
	123,862
Droits des capitaines de prises qui ont amené les captures : 1,392 saïma, soit.	300
	123,562
Droits du Diwan de cinq navires.	45
	123,517
Droits de pesage	27
A reporter.	123,490

(1) C'est la réclamation faite par notre consul, M. Deval, au sujet de ces prises, qui amena la scène violente dont le dénouement fut la prise d'Alger par les Français.

(2) *Soit 106,681 fr. 60 c.*

Report.	123,490
Droits du caïd eddoukhan	200
	123,290
Droits des changeurs juifs	515
	122,775
Droits des chaouchs et des juifs employés du Bandjek	150
	122,625
Droits des mesureurs	13 1/2
A reporter.	122,612 1/2
Prix du chaland, payé à la *Skifa* (1) . . .	435
	122,177 1/2
Droits des gardiens du babestan (2), par les soins d'El-Hadj el-Istour.	50
	122,127 1/2
Salaire des portefaix qui ont fait des transports	130
	121,997 1/2
Droits de ceux qui, pendant le voyage, ont été les premiers à apercevoir les navires ensuite capturés	4 1/2
	121,993
Droits des bureaux établis au babestan. . .	15
	121,978
Droit d'un pour cent au profit du port, payé à la Skifa	1,219
	120,759
Droits du ourdian-bachi et de son second .	24
A reporter.	120,735

(1) Voûte ou plutôt vestibule ; actuellement voûte de l'amirauté ; bureaux de l'oukil-el-hardj ou ministre de la marine.

(2) Marché où se vendaient autrefois les esclaves chrétiens. Son emplacement forme aujourd'hui la place Mahon ou de la Pêcherie.

Report,	120,735
Parts déterminées des marabouts et du trésor	558
	120,177
La moitié du produit des navires du Pape, revenant aux équipages, est divisée en 2,162 parts, de 9 boudjous, 9 mouzounas et 5 dirhem	60,088
Sur la demie du produit afférente au Beylik	60,088
Sont déduites les parts déterminées des capitaines des navires.	7,020
	53,068
A défalquer les 260 parts des capitaines des cinq navires	8,840
Somme restant après les prélèvements faits sur la part du Beylik	44,228
Répétition : 1/8e de Bandjek	17,780
Droits du caïd eddoukhan . . .	200
Parts des marabouts et du trésor.	558
La part perçue par le Beylik est donc de. .	62,766
Une erreur a été commise par le secrétaire du Bandjek, lequel a versé à tort au Palais. . .	73,523
Plus tard, le secrétaire du Bandjek a rapporté du Palais	3,795
Ce qui réduit la part perçue par le Palais à .	69,728
Mais la part du Palais n'étant que de . . .	62,766
Il se trouve que le Palais a perçu en trop. .	6,962

Par suite de cette circonstance, la distribution des 2,162 parts des captures faites sur le Pape, se trouve suspendue, ainsi qu'on le porte à la connaissance de Votre Grandeur, en sollicitant ses instructions et ses ordres.

— Après la prière d'*El-Asr* (1), notre fortuné Seigneur a envoyé le juif Ben Douran (Durand) avec six mille neuf cent

(1) Vers quatre heures du soir.

soixante-deux *rial kouaret*, dont remise a été faite à *Bab-el-Djihad* (1), à titre de faveur (2).

G. La rédaction du présent est dûe aux circonstances suivantes.

En l'année 1242, date du présent, des discussions eurent lieu au port victorieux de la (ville) bien gardée d'Alger, boulevard de la guerre sainte, au sujet du partage des prises. Aussitôt, Sa Seigneurie, notre Seigneur et bienfaiteur Hossaïn Pacha, gouverneur du royaume victorieux et dépositaire actuel de la royauté, arrêta et décréta, dans sa sagesse éclatante, que dorénavant les dispositions suivantes seraient applicables et exécutoires dans tout partage de prises.

1. Conformément à l'ancien usage, la huitième partie de toute prise sera déclarée *Bandjek* (part de l'Etat).

2. Un demi rial par cent *rial serar*, sera prélevé, pour frais d'enchères.

3. Le capitaine qui amène la prise touchera les droits que lui accorde l'usage.

4. Le Diwan touchera une allocation ; lorsqu'un navire de guerre fait une prise, le Diwan (conseil) de ce navire se rend à bord de la prise, reconnaît ce qu'elle renferme, fait clouer les écoutilles, lui commet des gardiens, et l'expédie par la voie la plus facile; ensuite, lorsque le navire de guerre entre à Alger, boulevard de la guerre sainte, le Khodjet el-Bandjek (secrétaire des prises) remet à chacun des membres du Diwan un *rial entier* (Boudjou ?) ou moins, proportionnellement à l'importance de la prise. Telles sont les règles qui seront suivies pour le paiement des droits du Diwan.

5. Un droit de dix dirhem par quintal sera perçu pour le pesage des objets susceptibles d'être pesés.

6. D'après l'ancien usage, le quart des sommes payées à titre de frais d'enchères, sera prélevé pour le caïd el-doukhan (le directeur du tabac).

---

(1) Porte de la *Guerre sainte*, depuis 1830 porte de France ou de la Marine. On appelait également ainsi l'ensemble des établissements du port, *la Marine*; c'est dans ce sens que ce mot est employé ici.

(2) Ce n'était pas une faveur, mais bien une restitution, la réparation d'une erreur.

7. Les chaouchs du Bandjek percevront sur chaque navire un droit égal à une part (paï), ou moindre.

8. Les juifs qui sont employés pour le service du Bandjek recevront la valeur de la moitié d'une part (paï), ou moins.

9. S'il y a lieu, pour l'estimation des objets pris, de faire usage de mesures de capacité ou de longueur, les gens employés à cette opération recevront un salaire (proportionnel ?) de deux dirhem.

10. Le salaire du chaland qui sera employé au débarquement des objets, sera proportionné à son chargement.

11. Le salaire des portefaix sera prélevé.

12. Celui qui a aperçu le premier le navire capturé recevra cinq ziani, à moins que le capitaine ne lui ait fait une promesse spéciale.

13. Le Kahia du Ourdian-Bachi recevra une allocation proportionnelle à la valeur de la prise.

14. Sera prélevé le prix de location de la boutique ou du magasin où s'est effectuée la vente des objets capturés.

15. Un droit d'un pour cent sera prélevé au profit du port et versé au trésor.

— Les droits du Bandjek, du Caïd Ed-doukhan et du port, ci-dessus mentionnés, seront perçus par le Khodjet el-Bandjek (secrétaire des prises) et versés par lui-même au trésor du Palais du Sultan. Après le prélèvement de toutes les dépenses énoncées plus haut, le produit net sera divisé en deux parts égales. L'une de ces moitiés sera partagée entre les membres de l'équipage, conformément aux anciens usages. Quant à l'autre moitié, elle recevra la destination suivante : les canons du navire seront comptés et il (le capitaine) recevra une petite part (paï) pour chacun des canons. Le capitaine touchera (aussi) une grande part (paï kebir) ; ce qui restera disponible après ce prélèvement sera versé par le Khodjet el-Bandjek lui-même, au trésor du Sultan, si le navire appartient à l'État ; si le navire appartient à des armateurs, le versement sera fait entre les mains des ayants droit.

La réglementation ci-dessus établie mettra fin aux paroles de quiconque cherchera à soulever des contestations.

29 rebi 1er 1242 (31 octobre 1826). (Empreinte du cachet de Hosseïn-Pacha).

H. Motifs de la rédaction du présent. Le seizième jour de l'année 1243 (9 août 1827), le raïs Ali el-Bouzeriaï, montant le chebec de l'armateur Sidi Ibrahim aga, a amené d'Oran une prise chargée de savon et de vin, dont le produit est de 9,150 douros de France (45,750 fr.) Il a été prélevé une somme de 3,240 boudjous (5,832 fr.) à titre de Bandjek.

I. Dans le milieu du mois de rebi' 1er de l'année 1243 (octobre 1827), il a été capturé deux chebecs français dont le produit a été de 11,333 boudjous (20,399 fr. 40 c.).

K. Les deux chebecs ont amené une prise d'Oran, le 23 rebi' 1er 1243 (14 octobre 1827). La somme de 4,250 rial draham serar (1) a été versée au Palais comme Bandjek. Le chebec du raïs Mohammed, 181 parts. (Parts du capitaine et du gouvernail : 14). Le chebec du raïs Hadj Ali, 165 parts. (Parts du capitaine et du gouvernail : 14).

L. Le septième jour de rebi' 2e de l'année 1243 (28 octobre 1827), le raïs Ali el-Miyourki (le Mayorquin), capitaine d'un chebec, est arrivé de Tunis, amenant une prise. La totalité du produit est de 39,142 rial serar (29,356 fr. 50 c.). La part prélevée comme Bandjek est de 4,892 rial. Les parts de l'équipage forment un total de 214, et le montant de chaque part a été fixé à 79 rial draham et 4 mouzouna (59 fr. 55.). Le paiement en a été fait intégralement. Inscrit ici pour qu'on n'en ignore. 11 rebi' 2e 1243 (1er novembre 1827).

Ces prises, qui étaient faites malgré le blocus effectué par l'escadre française, sont les dernières dont j'ai pu retrouver les traces dans les archives des forbans. Bientôt la France allait couper le mal dans sa racine, et rendre aux petites puissances de l'Europe un immense service dont elles ne paraissent pas avoir gardé le souvenir.

---

(1) Soit 3,187 fr. 50 c. Le produit total de la prise était, par conséquent, de 25,500 fr.

Alger. — (Maison Bastide). Typ. A. Jourdan.

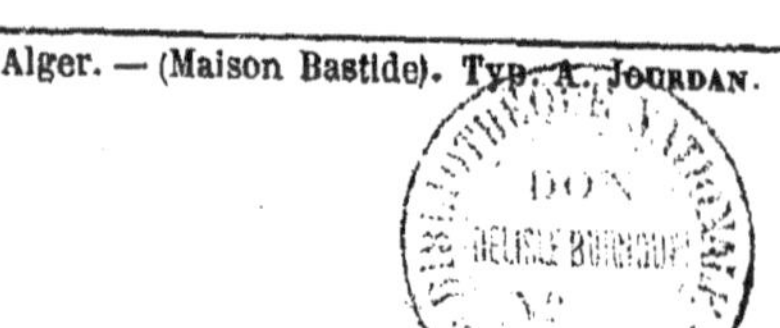

www.ingramcontent.com/pod-product-compliance
Ingram Content Group UK Ltd.
Pitfield, Milton Keynes, MK11 3LW, UK
UKHW021212220726
13924UKWH00003B/1483